梁宏达

梁宏达，人称老梁。著名主持人、出版人、媒体评论人，曾任《当代体育》《乒乓世界》等杂志主编、总策划。2003 年起开始进军广播、电视界，历任《直播中国》《新闻观潮》《体育评书》等栏目主持人。近年来在多家省级电视台开办《老梁观世界》《老梁说天下》《老梁故事汇》等栏目。其点评涉及时事、人物、体育、文化等多种领域，以独到观点和犀利幽默的语言著称。

张
春
蔚

·· ··

张春蔚，阳春科技创始人、大唐雷音寺出品人；CCTV《等着我》第四季黄金档主持人。曾供职于《成都商报》《证券时报》《南方周末》《南方都市报》等报社、英国《金融时报》中文网、麻省理工《科技创业》中文版、《译林·凤凰财经》杂志社等；担任过 FT 中文网公司和产业版主编、资深产业评论员；《译林·凤凰财经》杂志社总编辑；长期担任央视财经频道特约评论员、央视法律频道特约评论员、中国之声特约评论员等。

海阳

· ·　　· ·

海阳，非典型80后，中央广播电视总台"十佳"主持人、演员、作家。中国喜剧脱口秀代表人物之一。历任中央人民广播电台"文艺之声"副总监、"娱乐广播"总监、海阳工作室总监等。

李藏宇

· ·　　· ·

李藏宇，从事电视主持工作20余年，曾经主持新闻、社教、体育、交友等各类节目，多面手、全能型主持人。北京电视台新闻频道《锐观察》主持人、评论员；中央广播电视总台《王冠红人馆》《央视财经评论》评论员。

宋晓阳

宋晓阳，中国传媒大学副教授，《晓阳特训营》创始人，喜马拉雅《如何成为职场表达高手》主讲人，央视社会与法频道新闻评论员，今日头条签约评论员，字节跳动内部语言培训专家。

王牧笛

王牧笛，《功夫财经》联合创始人兼 CEO。中国知名财经媒体人，广东卫视《财经郎眼》节目监制、主持人。北京大学法学、哲学双学士，外交硕士。曾获首届中国"十佳"电视主持新星、广东省"杰出青年岗位能手"、中国"十佳"电视节目主持人、中国"十佳"电视节目制作人等。

吴学兰 ··

吴学兰，时事评论员、专家型节目主持人，中国传媒大学媒介与公共事务研究院高级研究员。原新华社《参考消息》报社时政新闻室主任·头条策划。现长年任中央广播电视总台、北京卫视、江苏卫视、山东卫视等多家重要媒体特约评论员。

艺婕 ·· ··

艺婕，北京大学在读硕士，曾任职央视七套，双胞胎美妈，写文理性，声音暖心，喜世上一切美好存在。

唐映红 ·· ··

善思亲职教育机构创办人，心理学专栏作家。

张忠

张忠，翠花科技创办人，现从事媒体传播与生活服务工作。曾在北京电视艺术中心负责宣发、在《中国经营报》社任助理总编辑、任《经济观察》报社总经理、《财富时报》社出版人。

三表

三表，青年作家，脱口秀艺人，著有《我们只是讲道理》。

张越

张越，中央电视台主持人，主持过《半边天》《音乐人生》《夜线》等节目，曾获"金话筒"等诸多奖项，动物保护基金会"它基金"理事长。

张彬

张彬，中央广播电视总台主任编辑、著名时事评论员，中共中央常备时政记者名单记者，中国新闻奖"一等奖"获得者，原中央媒体驻台湾首席记者，中央电视台、中国教育电视台、北京人民广播电台、北京电视台、东南卫视等多家主流媒体特约评论员。

陈秋实

陈秋实，青年律师，演讲教练。2014年11月，参加北京卫视《我是演说家》节目，获得当季亚军，演讲视频网络总点击量超过3亿。在全国70多所大学进行巡回演讲，被其中20多所大学聘为演讲导师。

兆民

兆民，青年作者、编剧。曾就职北京人民广播电台，任记者、新闻节目主持人，获"北京新闻奖"、"北京广播影视奖"。担任过影视公司商务总监、内容创业公司副总裁等职。著有《内向者的沟通课——把性格转化为优势》《所谓情商高就是会说话：日常生活版》。

杜
雨
亭

∵ ∴

杜雨亭，中央人民广播电台《中国之声》节目主播、主持人。1996年入职中央人民广播电台，20多年来，从录播到直播，从日常节目到特别报道，从文体社教到新闻综合，从传统媒体到融媒体，拥有各类型广播节目的播音主持以及节目编辑、策划，新闻现场采访，重大及突发事件直播等经历，不断实践并积累着丰富的广播从业经验。多次荣获"中国新闻奖""中国广播影视大奖"以及中央人民广播电台"优秀节目奖"等荣誉。

丁龙江，博士、副教授。中旅国际文化传媒（北京）有限公司联合创始人、副总裁，中传花样少年（北京）教育科技有限公司联合创始人。在江苏电视台10年，历任资讯、谈话、评论等新闻栏目制片人、主持人。在中央电视台8年，历任二套《经济与法》栏目、七套《军事纪实》栏目主编。编导《大阅兵2009》、策划《小城故事》等纪录片。

丁
龙
江

∵ ∴

大唐雷音寺 编著

特别
会说话
2

台海出版社

图书在版编目（CIP）数据

特别会说话 . 2 / 大唐雷音寺编著 . —北京：台海出版社，2018.8

ISBN 978-7-5168-2034-6

Ⅰ . ①特… Ⅱ . ①大… Ⅲ . ①语言艺术—通俗读物 Ⅳ . ① H019-49

中国版本图书馆 CIP 数据核字 (2018) 第 165028 号

特别会说话 2

编　　著：大唐雷音寺

责任编辑：戴　晨　曹任云　　　　装帧设计：仙　境
版式设计：马宇飞　　　　　　　　责任印制：蔡　旭

出版发行：台海出版社
地　　址：北京市东城区景山东街 20 号　　邮政编码：　100009
电　　话：010-64041652（发行，邮购）
传　　真：010-84045799（总编室）
网　　址：www.taimeng.org.cn/thcbs/default.htm
E-mail：thcbs@126.com

经　　销：全国各地新华书店
印　　刷：玉田县昊达印刷有限公司
本书如有破损、缺页、装订错误，请与本社联系调换

开　　本：　710mm×1000mm　　　　1/16
字　　数：210 千字　　　　　　印　张：16　彩插：0.5
版　　次：2019 年 1 月第 1 版　　印　次：2019 年 1 月第 1 次印刷
书　　号：ISBN 978-7-5168-2034-6

定　　价：48.00 元

序一：这里有说话的门道

总有一种话语，暖心暖肚；

总有一种伤口，恶言恶语；

总有一种希望，好言好语，天天天蓝……

语言是什么？是工具、武器、修行，是价值观。

这里是大唐雷音寺的达摩分院，这里有语言艺术的藏经阁，这里有说话技巧的铜人训练馆，这里有夜半三更时菩提老祖对石猴的耳提面命……迷时师度，悟时自度，就等你来。

古墓里小龙女训练的是徒弟培养的是老公；古灵精怪的黄蓉把老顽童周伯通调教得服服帖帖——一物降一物，什么样的语言，什么样的表达，会有什么样的人懂。

懂得，需要时间和智慧。当懂得成为一种奢侈，不妨让语言帮助更多人听懂——这就是好好说话的功德。

据说，在特别会说话的这个"九又四分之三"站台，一辆语言的魔法列车正在启程，霍格沃茨的分院帽已经开始思考，这里的顶级魔法师都叫裁音师，带上你的猫头鹰和魔杖，赶紧加入新一季的学员派对。

在达摩院待的时间越久，能带走的宝藏就会越多。

我们来了，你准备好了么？今天开学第一课：是大唐雷音寺首席裁音师老梁。从大唐雷音寺教你好好说话，到特别会说话单开新馆，我们记得初心！

老话说：良言一句三冬暖，恶语伤人六月寒。大唐雷音寺说：听，耳有所得。

特别会说话——这里有说话的门道。

扫码关注：特别会说话

序二：回到初心

特别会说话微信公众号上线才一天多，我早上起来一看，说实话吓了一跳，没想到一天之内粉丝就涨到了好几万。

同时我也看了一下后台的留言，发现大家发来了大量的生活当中遇到各式各样问题时该怎样表达的困惑，不光是问题，还有遇到这些问题时的一些具体场景，还有很多非常鲜活的案例和故事。

我挺感动的，一方面说明大家对我们新的微信公众号很捧场；另外一方面说明在我们生活中有关表达的痛点实在太多了。

我们肯定会研究这些话题，首先解决大家的问题，然后把问题背后规律性的东西总结出来。

我们现在很多人看似生活在虚拟世界当中，打游戏、刷朋友圈、发微博、发微信。

可你低头看手机，你抬头面对的仍是人，何况手机也是朋友圈，你在虚拟世界里再满足自己的各种想象，你要解决自己最现实的问题，还是要靠人与人之间的沟通来完成。

许多年轻人和中年人，在人与人交往过程中出现的问题和痛点实在太多了。

我们借助互联网可以做到世事洞明，可以搜到各式各样的信息，但是人情练达绝非一朝一夕之功，在这点上老梁和各位没有区别，都需要生活的历练以及和人接触来积累自己的情商。

大家提出的问题主要分为三大类：一类是认知层面的；一类是情商层面的；还有一类是表达技巧层面的。其实最后一类相对来说比较好解决，而前两类需要你平常多去积累，咱们可以共勉，一起去提高。

其实，大唐雷音寺微信公众号的初衷就是教大家好好说话，提高大家在说话方面的情商。

可是后来我们在做的过程当中，由于网友对大唐雷音寺的期望值比较高，有各式各样的问题想和我们探讨。所以，后来大唐雷音寺经过几轮的直播，以及近两年微信公众号的发布，我们涉足的领域越来越多，接触的问题也越来越驳杂。

现在有句很流行的话叫"不忘初心"，当初大唐雷音寺是想给大家解决怎样好好说话的问题的，我们今天想回归本源。

我们把大唐雷音寺教大家好好说话的功能剥离出来，单独做了一个"特别会说话"的微信公众号。

为什么叫"特别会说话"呢？

我们大唐雷音寺有一本算是起家的书就叫《特别会说话》，里面有我、倪萍、白岩松等人教大家怎么说话的一些心得。

那本书已经再版九次了，销量很大，可是有很多的朋友不满意，说书里面各位大咖讲得很实在，但篇幅太少，涉及的内容有点蜻蜓点水，能不能更详细、更认真地给大家介绍一下怎么样好好说话？

我们特别会说话微信公众号就是给大家解决这个问题的，我们既准备了一些理论上的东西，同时又着手解决实际的问题。

我们微信公众号的粉丝可以把生活中的一些案例发过来，比方说你跟领导交流、跟家人交流、跟女朋友交流、跟客户交流，遇到了一些难题；或者当你交流的对象有一些特殊的情绪，你又不知道该怎么应对的时候，我希望你把这些案例发过来。

我们帮你想办法解决，可能我们提供的方法不是最完善、最完美的，但是我相信我们提供的思路肯定是对你有帮助的。

这个公众号不只有我，还有一些大家熟悉的、不熟悉的专家，我们共同参谋来解决你这些问题。

我们将会从粉丝里面挑出一些很典型的案例，一一给大家进行解答。再加上我们在说话方面的一些经验和教训的总结，相信这个公众号的纯粹性会对你的生活和人际交流大有帮助，也能从侧面提升你的情商。

当然，我告诉大家，"特别会说话"并不是培养长篇大论的演说家，也不是培养伶牙俐齿经常把人挤到墙角的辩手。演说家和辩手并不是教人好好说话，恰恰是教你不好好说话。

因为在生活当中你碰到一个雄辩的演说家，碰到一个伶牙俐齿的辩论手，你经常觉得跟他没法交流，你说不过人家，会有挫败感。

这怎么能是好好说话呢？

好好说话是双方都感觉到舒服，能让对方和你进入一个同步的舒适区。

"特别会说话"教会你的是什么呢？

是基于情商层面的跟人融洽的交流，而绝对不是长篇大论，也不是把对方所有的语言漏洞都抓住——那是攻击，不是好好说话。

所以"特别会说话"的宗旨是什么呢？

大家记住这句俗语：良言一句三冬暖，恶语伤人六月寒。我们"特别会说话"要解决的就是当环境不利的时候，让你如何做到良言一句三冬暖。

我相信，在这个层面会让更多觉得自己口才不佳的朋友能够有所收获。让我们一起共同提高吧。

春　蔚

扫码关注：大唐雷音寺

Contents
目 录

中篇 老梁带你善用情商

下篇　大咖说：特别会说话的传媒名嘴

上 篇

老梁教你好好说话

特 别 会 说 话 2

到底什么才是好好说话

最近，很多人都在网上学习怎么样与人交流，学着怎么和别人好好说话。但我发现，一些所谓的说话技巧，其实是误解了沟通的含义。

像有些技巧说：你应该怎么分析别人说话，抓别人说话的逻辑漏洞，然后对他进行反击。这其实都是不对的。

我们日常与人沟通，并不是跟人搞辩论赛。不是说我通过辩论的方式，把对方挤到墙角去，一句话把别人怼到没有办法回复。这不叫好好说话。

我们看到现在网上很多人，就不会好好说话。

有一段时间，我老家黑龙江雪乡出了点儿事，旅游宰客现象在网上炒得挺凶。有人就在网上说：哎呀！咱别去那儿了，到日本北海道看雪，花得还没有东北多呢。咱还不如到日本去，别去雪乡了。

人家这是正常的表达，结果马上有人一句话就让对方没话说了："你怎么这么不爱国！"

别人就没法回复了。

这种情况用句术语叫一句话到底，潜台词就是"咱俩别聊了，没什么可聊的了"。所以，这种情况不是好好说话，反而是不好好说话。

再来说另一种情况，我们跟父母沟通是最难的，因为父母通常不会跟孩子好好说话。

往往孩子刚和他们说一两句话，他们就把孩子定性为孩子不愿意成为的那种人，或者直接拿别人家的孩子来跟自己孩子做比较，一下就把孩子弄得没话说了。

比方说，孩子在那儿感叹"我现在的工作非常无聊"，当妈妈的一听，"怎么就你特殊呢？别人怎么就不无聊呢？"一下就把孩子弄得没话说了。

所以说，跟人好好说话，首先就要避免这种一句话到底的情况。

那么，什么是好好说话呢？好好说话的实质就是，你说出来的话让所有人听了都高兴，你也高兴，这才叫好好说话。

说话看似上嘴唇碰下嘴唇，其实很讲究。生活中，在不同的场合要说适当的话。

比如盖了幢好几层的新房子，请亲朋好友来做客，结果有人说这房子如果塌了得砸死不少人，让主人一脸不高兴。

同事大姐在那儿夸自己儿媳妇怎么对自己好，有人上来就是一句"准没安好心"，别人心里什么滋味？

大家一定记得鲁迅那篇著名的小文章《立论》，讲的是一家人得了个男孩，很高兴。

办满月酒的时候抱出来给客人看，有人说这孩子将来要富贵，有人说这孩子将来要做官，有人说这孩子将来要死。第三个人挨了众人的揍。

正应了一句老话：顺情说好话，耿直讨人嫌。

当然，好好说话并不是让你说假话，而是让你尽量用合适的方式说出合适的话。所以，好好说话你首先要知道该怎么说话，什么时候该说什么话。

社会上很多人都有这个痛点：就是不知道该怎么说话，不知道什么时候说什么话，不知道和某些特定人群怎么交流。

这些特定人群最多的是哪一类呢？自己的上司、自己的领导、自己的客户，说白了就是自己得抬着脸看人家或者有求于人的这类人。不知道怎么与他们打交道、怎么说话。

还有不少朋友提问：早晨上班跟领导坐一个电梯，其他人就能跟领导聊到一块，我这可倒好，一声没有，领导也不正眼看我，不知道该怎么跟领导沟通。

我告诉你，就三个字——下功夫。你要是长期接触，就要了解领导喜欢什么东西。

比方说这领导对股票基金很懂，你们在电梯里碰上，你说："哎哟，老板，最近有个挺大的新闻：××口子被证监会处罚了，我看罚得太少、轻描淡写。"

可能你的领导就会语重心长地说："小鬼，不要把这事看得太严重，这是这么回事儿……"他就仔细给你讲。你把领导话头逗出来，他在你面前马上找到存在感了，多好啊！

想获得更多利益，你又不想付出，天底下没有那么便宜的事，所以我给大家总结一下：想要能够好好说话，能够与人关系和谐、融洽，你就得在背后下功夫。因为好好说话不仅在于学习讲话的技巧，更在于你肚子里有多少东西。

所以啊，功夫在诗外，好好下功夫吧！

令人拍案叫绝的临场反应

扫码看视频

好好说话的另一方面是反应，有些人说话总能赶在点子上，给人一种"他这话怎么说得那么好"的感觉，这种人就是反应快。

反应快不是天生的，有人说我天生反应快，我接球之后马上弹跳起来，那是纯粹的生理反应。

说话反应快，说的是你和别人能够交流下去，在聊天的时候不冷场，要你有来言我有去语。这种话赶话，其实是一种心理反应，它需要后天训练。

要怎么练呢？有个术语，就是别让话掉地上。你要是去过说相声的后台，你听听，相声演员之间说话最讲究这个，就是不能把话掉地上。

掉地上是什么意思呢？就是别人的话没有接住。对话讲究有来言有去语，你说出这话我就得接住，我要接不住我就丢人了。

相声演员在训练有来言有去语、接得住这方面，可以说都达到了变态的程度。

咱们普通人当然不用这种方式，可是有的时候你会发现，熟人、哥们，互相斗斗嘴，你来一句他来一句，也有点儿意思。

平常这个时候，主动参与一下，它能够训练出什么感觉来呢？当对方说出一句话的时候，你很快地把它接过来，接过来不一定是反击，不是说他嘲笑你，你就得骂他，也不是把人骂到骨头里头。

你把这话接过来之后，再翻出点幽默的效果来。很多朋友看过郭德纲、于谦说相声，于谦翻包袱很是能耐，翻完他不是说反击郭德纲，而是把这包袱往自己身上揽，一下子炸响。

所以平常，你要是想在这方面有所训练，一定要多参与朋友之间的开玩笑，当然玩笑这度你得自己把握。多开玩笑、多说点有意思的话，能够练出你这种反应，现场一出现什么状况，你有来言我有去语，话不掉地上。

想要达到最好的程度是什么样的呢？就是一定要让大家听完之后觉得，你这话有琢磨头儿。

当年马季马先生过世的时候葬礼在八宝山举行，我们去送葬，结果自发前来送葬的群众太多了。把我们都冲散了，没进去灵堂，现场有点儿乱。

这时候我旁边有一位曲艺界的前辈，就在那儿抱怨："你看这现场乱的，就应该在门口站一个我们行里的人，一看是我们的人就让进，要是别人就先拦到外面，一会儿再说。"

我喜欢开玩笑，就跟那位前辈说："等您百年之后就这么办。"

我们关系近，开玩笑也不在乎，不过他居然把我这话给接上了，怎么接的呢？

"不用，且来不了这么多人。"

　　高明，实在是太高明了。

　　把我这话化解了不说，隐含的意思是我哪有马季马先生腕儿大啊。

　　这种回答就是令人叫绝的临场反应，他既把我的话接住了，又用幽默的方式表达了对马季先生的敬意和自谦。

　　当然，我说好好说话，让人拍案叫绝的反应，绝对不是你把大家都压住了。你一句话说得那个损啊，大伙儿都抬不起头来，那你就得罪人了。

　　让人拍案叫绝的临场反应是什么呢？让大家都舒坦。所以过去有句话叫万象归春。

　　什么事情你把大伙儿都说乐了，这事就好办了。

　　人与人沟通 70% 是情绪，30% 是内容。如果你能把大家说乐了、说高兴了，你办事还有什么办不成的？

练就令人拍案叫绝的临场反应
需要做到这三点

咱有句话叫"丑话说在前头"，在学习好好说话的时候，我先要告诉大家，"令人拍案叫绝的临场反应"绝不是逞口舌之快。

有的朋友对这个词的理解可能有一些偏差，认为拍案叫绝就是让所有人都惊讶。

比如参加一个年会，或者领导开会，或者某些人多的场合，或者别人都不出声的时候，有个人"嗷"一嗓子站出来，大伙儿都看着他，他在大伙儿面前露脸了。我告诉大家,这不叫令人拍案叫绝的临场反应。

拍案叫绝的临场反应最主要的就是两个字："合适。"就是说你是什么角色，你处于什么样的地位，你说出了你这个位置最适当的话。让所有人都满意，甚至能化解一些尴尬的氛围，这是最理想的。

相声界有位老前辈叫杨少华，咱们很多朋友都知道这个人，一个可爱的老头。2018 年老先生都八十六了，在台上给人的感觉就是那种蔫坏蔫坏的，在生活中也是这么一个人。

有一回我去天津，到他家吃饭，其实是他五儿子家，就是演《杨光的快乐生活》的杨议。吃饭的时候杨议陪他爸爸坐着，老头坐我对面。

我说老爷子，说相声过八十的数你日子是最好的。为什么呢？你儿子孝顺，还能挣钱。你看你有钱、有吃、有喝，这岁数，多幸福啊。

老头来了一句："听说这样容易得老年痴呆。"

他儿子在旁边接了："所以，爸爸我们不能对你太客气了。"

老头又接了一句："我这不正受着嘛？"

你看，他平常生活当中就是这么一个人，他每句话都不落在地上，细琢磨他每句话还都有意思。

说到令人拍案叫绝的现场反应，我总结了这么几点：

一个是反应快、一个是情商高、一个是有积累。

怎样做到这三点呢？

想要反应快，平常要多练嘴皮子，朋友之间开开玩笑，嬉笑怒骂的，一点点就把接话的能力练出来了。

想要情商高，你在平常生活中就得多琢磨，多学会换位思考，我要是他，我会怎么想？

领导高兴不高兴？群众高兴不高兴？工会主席满意不满意？办公室主任会怎么想？老板会怎么说？我直接上司会怎么说？我下属员工会怎么想？这些都要考虑周全，想要提高情商就得自己多琢磨、多实践。

最后一个就是我说的有积累，这个是最难的。首先你得是个有心人，很多人觉得我平常积累点东西怎么那么费劲。其实没那么费劲。有的人就愿意常立志，立长志，这学期我要报个班，我要学 MBA，我要学这个，学那个。千万不要这么干，你越是立一个宏大的目标，越是不知道自己要干什么。

那么要怎么积累呢？每天你攒一点就够了。

大伙儿都知道，我有个徒弟叫虎牙，他会的东西非常多，除了表演魔术之外还会唱歌，还能写歌，也能主持，乐器、快板什么的也会。

他原来干过挺长时间的司仪，干司仪的都有一个毛病，他有一套自己熟的不能再熟的套路。

我现场看过虎牙主持婚礼，我说："你这词挺死啊！不管哪回主持，包括上中央电视台录节目你都是这套词。"

当然，主持婚礼的时候，像虎牙这种主持人可能也没时间去了解两口子的状况。但是我们每个人要是考虑到自己的现场反应的时候，尽量别弄一些死词，如果非要弄死词，那就一定得多，就是一到某个场合要用的时候马上就能说出来。

刚才在楼下聊天的时候聊到人情世故，有些就是死词，像什么"人生一世掐指算，难活三万六千天""家有良田万顷，日食不过三餐""家有房屋千万间，睡眠不过三尺宽""夜晚脱下鞋和袜，不知明早穿不穿""人生在世应该知足常乐、助人为乐，没事咱就偷着乐"……

这些说口都是长本大套连下来的，你必须会得多，所以说这种积累，没有任何人能取代你的努力。

还有，任何现场反应都基于你对现场的仔细观察，我拿我自己给大伙儿举个例子，是我前些年出去做讲座的时候的事。

讲座无论是讲经济，还是讲人文历史，绝大多数讲座的老师都是一个模子。先跟主办方报选题，然后主办方开始宣传，给主办方一个提纲，最好自己再做个PPT。现场有个大屏幕，电脑一连便把PPT放到大屏幕上，然后照着PPT讲，绝大多数出去做讲座的人都是这么做的。

　　我跟他们一点儿都不一样，从来没有PPT，也从来不给主办方提纲。有人说我耍大牌，不是我耍大牌，是我从来都没有这些东西。

　　我答应做这场讲座的时候，只是大致了解一下都有谁要来听，讲座的主题是什么。他们说您就讲点人文历史吧，具体的提纲我就没想。

　　甚至有时候九点钟讲座开始，我八点在宾馆起来吃早餐，我坐在餐桌上的时候脑袋才想今天讲什么。

怎么样成为一个有意思的人

扫码看视频

有网友提问：怎么让别人觉得你是一个有意思的人？

能问这个问题的人我相信一定是一个内向的人，平常话不多的人。所以大家要记住，这样的人要成为一个让别人认为很有意思的人，首先绝对不能多说话。

我们有一句话叫作幽默未遂。有一回我们坐在屋子里，突然进来一个哥们儿。这哥们儿平常话少得吓人，也可能是他老婆在家说他了："你看你到哪儿都成不了主角，你说点笑话跟大家把气氛融洽一下。"

他一进来张口就来："老梁，我给你们讲个笑话。"

"啊，讲什么笑话？"

然后他就开讲了，讲的前言不搭后语，我是听明白了，但旁边不少人都没听明白。

他讲完了自己先乐得不行，大家也就都跟着笑了，不是因为笑话好笑，而是大家觉得他有点儿可乐。

而真正的幽默是什么呢？幽默一定是浑然天成的。

中国有个地方的人普遍都很有意思，这个地方就是天津，我们从天津人说话中，就能感觉到一种浑然天成的幽默。

天津人可爱在哪儿呢？我举几个例子说一下天津人的幽默能力。

比如你到天津买糖葫芦，糖葫芦不是有的有籽吗？如果这个小贩卖的是没有籽的糖葫芦，咱们上去说买一串，然后问他："有籽吗？"

要是别的地方人可能会说："没籽，放心买吧，肯定没籽。"

天津人是怎么说的呢？"你要是想买有籽的我得回去给你串去"，他是一种反向思维。

有一次，我在大街上还看到一幕。

一个老年人骑个自行车，前面是红绿灯，红灯的时候停下来了，等绿灯亮时他再上自行车的时候腿脚不好，半天没上去。

他后边的人不乐意了，喊话道："说您呢，说您呢，练杂技回家练去！"老头也不乐意了，头也没回地说了一句："笼子里头待着得了！"

我师父金文声先生就是天津人。

师父有一回生病了，进了重症监护室——老爷子三进重症监护室都没事，这是个奇迹。

从重症监护室出来后，我问师父："您怎么了，怎么又犯这个毛病？"老头来一句："我呀，贪小便宜住院。"

贪小便宜住院，没听说过呀？我正愣呢，老头问了："你抽过1800块钱一条的烟吗？"我说没有抽过，当时就好奇怎么了。

原来是他来个朋友，给他拿了一盒地方的烟，很贵。朋友当面让烟，道："你尝尝，1800块钱一条。"于是老头就抽了两口。

老头那时候已经戒烟了，我们师娘不让他抽烟，他有心脏病，抽不了。结果走的时候，他那朋友说这烟你拿回去抽吧，老头便把烟拿回来了。

结果把烟瘾勾上来了，背着我师娘偷偷摸摸抽了好几盒，一下子心脏病犯了。

这个事要是我们从头讲，来个朋友怎么着，一点吸引力都没有。而老头一下就把这两句蹭出来了，"我贪小便宜住院了，你抽过1800块钱一条的烟吗"，就把人给拎住了。

老头不是有意识要吸引我，而是他已经形成一种说话习惯，张嘴就得把听话的人吸引住，这也是我们讲话的一个很重要的技巧。

这个是表达技巧，但这只是一方面，更重要的是你有这个口才了，你讲的内容就特别关键了。我们行话讲肚囊得阔，你经济学、社会学、历史多少都得知道，这两方面是相辅相成的。

所以总结来说，想要成为一个有意思的人，你首先得懂一点说话的技巧，其次你还得有积累。腹有诗书气自华，你肚子里有东西，跟人说话的时候当然就会有意思了。

说话没有诀窍，只能"因地制宜"

我身边有朋友，也包括咱们很多粉丝朋友，经常问我一个问题："梁老师您说话有什么诀窍？您能不能告诉我几套说辞，或者几个包袱？我到哪儿都能用。"

我告诉大家，那些所谓的说辞和包袱，今天好用明天就不好用了；你穿西装的时候说没问题，像我这样穿上唐装说就不合适了；男的说可以，女的说就不可以；上午说可以，下午说就不可以……

什么意思呢？我就是想表达说话是非常灵活的，不是拘泥于一个固定规矩或者形式的。有的人可能会想，我掌握一个说话的窍门，就能走遍天下，但这是不可能的。说话这件事情，一个人一个样，一个地一个样，一个时一个样。

不过，有一个道理可以记住，那就是因时而话、因地制宜，不同的人要有不同的东西。

陈凯歌导演的《妖猫传》咱们很多朋友都看了，电影拍得很漂亮。

陈凯歌导演跟我是老熟人，请我帮个忙，当时新浪有一场直播。那场直播是为了《妖猫传》宣发，把主演黄轩也找来了，然后陈凯歌导演、我、黄轩三个人在现场聊一聊《妖猫传》。

宣发团队当时的意思是一开场我和陈凯歌导演聊一聊大唐气象，聊一下中国唐诗，从唐诗引到白居易，然后白居易谁演的？黄轩演的，然后再让黄轩来谈。

按照这个流程我是没有任何问题的，因为我之前说过我是不用看任何提纲的，现场来什么就说什么，一直是比较即兴的状态。当天去之前，我也是这么想的。

但是，那天我进主会场的时候发现一个问题，当时那个会场能坐一千多个人，我进去一看，满眼花花绿绿，这一千多人里边得有七八百人是年轻女孩。

年轻女孩来干什么呢？捧陈凯歌导演吗？陈凯歌导演都六十五了。捧老梁吗？我这模样捧我干什么？所以，这些女孩八成都是来捧黄轩的，人家都是冲黄轩来的。

我一看这不行，这些人不可能给出二十分钟听我和陈凯歌导演聊唐诗宋词、大唐气象、历史人文这些东西，这群女孩儿在学校都不听，更不可能听我们来讲了。

所以，我告诉工作人员，咱们马上要改计划，一定要让黄轩先说话，让这些小女孩们都活跃起来，现场活跃起来了，什么事都好办了。

这时候我又想，我们是为了宣传《妖猫传》这部电影来的，那么就一定得为媒体制造一些能够宣传的话题。如果我们一上来就是"中国盛唐，展示了无比的文化自信……"这些东西让媒体怎么宣传呢？媒体宣传得有点，这个点是什么？是矛盾冲突，得有有意思的内容和内涵，所以那天一上来我就直奔黄轩。

我是怎么做的呢？当天，我上来就说："黄轩，作为中国当代的年轻演员是很幸运的。他和第五代的三大导演都有合作，当然，《满城尽带黄金甲》一开始因为各种原因和张艺谋导演失之交臂了，但后来在《长城》这部电影中弥补了这个遗憾，接下来《芳华》里的刘峰、《妖猫传》里的白居易，接连和第五代导演里面的两位大导演进行了合作。我想问一问黄轩，你在和这几位导演合作时都有什么感触？你可以当着陈凯歌导演的面说一说冯小刚导演，冯小刚导演可能也在看我们的直播。你也可以当着冯小刚导演的面说一说陈凯歌导演，来评价一下哪位导演与你合作得更好，哪位导演在你心目当中对电影的把握更加精准……"

其实我这是在挑事儿，而黄轩他不能回避，他一定得说：我拍《芳华》的时候是什么感觉，拍《妖猫传》的时候是什么感觉……

这就给了媒体一个很好的报道素材，媒体可以以这个为题进行一次深入的报道。

所以说，第一，我要把焦点放到黄轩身上，因为我看到了那天的观众一定是冲着黄轩来的。果然，黄轩一讲下面的粉丝都很高兴，场面一下子就热起来了。

接着，我又让黄轩讲了一下白居易，让陈凯歌导演来评价一下黄轩版的白居易。然后才开始讲白居易在唐诗中的地位，再讲唐诗，最后是我和陈凯歌导演聊一下盛唐。这样下来，虽然在讲盛唐的时候，黄轩没有插进多少话，不过当时场子已经热起来了，所以活动也很成功。

但如果是像原来那样，我和陈凯歌导演用二十分钟讲大唐气象，就会把真正的主角黄轩给晾一边了，下面的观众一定不干。我们在上面讲，观众们玩手机、打电话，那活动就没法办了。

这就像是在一个场合里你给大家讲一个故事，结果大家都低着头做自己的事儿，你这故事也就讲不下去了。

所以我说，这种临场反应需要对现场进行细致入微的观察，观察到现场的变化，然后再说出适当的话来。

我是这样约女孩子的

扫码看视频

有一个朋友发来留言说，我有喜欢的女孩，我想向她表白，可是苦于没有机会，怎么说呀？况且我跟她原来也不是很熟，人家对我也不是很热情。

我告诉大家，如果想要追一个女孩儿，不能一开始就说"我喜欢你、我爱你"，这容易把人吓着，再一个，女孩儿也不了解你，人家答应你的概率很低。

那怎么办呢？必须给两个人搭建一座桥梁，就是让她和你由陌生人变成半熟脸，甚至是熟人。

我跟一个女孩儿不太熟，我想请她吃饭，人家去不去呢？一般不会去，谁差咱们那顿饭呢？

所以我跟大家说，你要先求她，求她来帮你。

如果你们两个是同学或者是刚认识不长时间的朋友，你求她办什么事呢？一定要是她力所能及的事！

比方说，你问她："听说你那儿有本书，能不能借我看看？"或者说你问她："我电脑里头有一个软件，不明白怎么用，你能不能告诉我？"又或者是让她帮你挑礼物："我母亲想买什么什么衣服，我也不知道哪有，女孩儿爱逛街，你能帮我看看吗？"

就是求她做这种举手之劳的事，注意，至少求她两回，而且一定是她很容易就能办到的，这样她不好推辞就给你办了。

为什么至少求两回呢？一回生二回熟。

你记住，人和人往来哪有那么多对等，不是你求我，就是我求你。有时候关系是在互相求对方帮忙中确立起来的，你总麻烦她、求她办事，你俩关系肯定越处越好。

你说自己不好意思张嘴，办事不求人，那么等时间一长，你和别人完全冷淡了，就不好再联系了。所以一回生二回熟，你多求女孩儿几回，这不就熟了吗？

等两人熟了就好办了，这个时候你再约她吃饭。

你说："我找你办好几件事，你都给我办了，我都觉得不好意思求你了。要不这样吧，为了答谢你，我请你吃顿饭，你看你今天下班不是没事吗，没事咱俩吃顿饭，你想吃啥？"

这时候因为你们已经很熟了，而且有她帮你办事这个情分在，她也就很容易答应和你吃饭了。

吃饭的时候两人要聊天，聊着聊着，你再进一步往下走，比如约她看电影。要注意，你选吃饭的地方最好就挨着电影院，出去上一层楼就是电影院，两人就顺理成章地看电影。那一看电影，大银幕一起来，电影院里黑咕隆咚的，互相之间亲近亲近，你不就有机会了吗？

所以，首先你要制造这个氛围，而且氛围是阶梯性的，不是说你上来就怎么怎么着。得慢慢来，你要对人有心，你不得下点功夫、不得设计点场景吗？求婚还得整个小提琴在那拉，何况你刚开始进入恋爱这扇门。

你总觉得你不会说话，其实是你不会办事。当你把前面这些事情——求她、请她吃饭、一起看电影，这些铺垫都做好就水到渠成了，你说什么话她听着都觉得是甜言蜜语。

为什么呢？她对你这个人接受了，她放下心理防线了，你再说什么好听的，她可能听着都不会觉得突兀。如果她再对你有点儿好感，那不就成了吗？

对女孩儿讲究策略，对女孩儿家长也一样。比如说女孩儿已经和你交往上了，那么怎么说服女孩儿家长呢？

有朋友说：我马上就要谈婚论嫁了，虽然女朋友对我挺好，但是她父母对我总是有点儿不满意，或者说总是差那么一点儿，我就不知道该怎么跟她的父母进行沟通，让他们能喜欢我。

对于这个问题，我给大家再讲讲。

如果你自身的条件差得很多，那就没办法了！比方说人家家庭条件不错，而你呢？没车没房，工作不上进，平常表现得吊儿郎当的，让人看不到希望，那你怎么花言巧语都没用！

如果你条件还可以，对方父母也能接受，但就是不大喜欢你这个人，这个时候该怎么跟对方的父母进行沟通？

现在的中老年人和年轻人是有代沟的，对年轻人一方面是有些行为习惯看不惯；另一方面，其实是不放心！老人有一种心理潜台词：我把女儿交给你，你行吗？你能对我女儿好吗？你能老老实实过日子吗？

很多时候，对方的父母对你是从这个角度有点儿担心。

那么好，你和女方父母接触的过程中，聊什么谈什么就特别重要，记住有两点值得注意：第一，责任感；第二，人情味。

什么意思呢？比方说你和对方父母聊天，千万不要唾沫星子乱溅，讲自己身边熟悉的事。王者荣耀你打得好，昨天哪哪队赢了，那球赛怎么着，要看谁演唱会去，哪个人太伟大了……你说这些挨都挨不着对方父母喜欢的点。

你要让对方父母放心，就得聊他们关心的话题。有人可能觉得自己不了解中老年人，但这其实很简单。怎么体现你的责任感和人情味？就聊你的家长里短！你不了解别人，自己家里的事情还能不知道？有七大姑八大姨吧？

你和对方父母讲：我亲戚里面有这么一个人，结婚以后还整天打麻将、喝酒，家里事也不管，作为一个男人不能这样。你都有家了，你能不承担责任吗？我们亲戚都说他。

你讲这样的事情，现在一些老年人特爱听家长里短。未来岳父母一听你这样讲就觉得你三观很正啊！说明你是一个有责任感的男人。

其实，有时候老人无非是希望孩子跟你能平平安安过日子，并不见得非要你如何大富大贵，女儿嫁给一个有责任感的男人是父母比较放心的，所以要突出责任感。

关于人情味，还是讲你的家长里短，因为每个人的亲戚结构，你一对比发现都差不多。

比方说你家亲戚里有一个人，别人怎么帮他，他都认为是应该的，自己不上进。还有个亲戚，有点钱就装得不行了，等别人真有事还不怎么愿意帮，还有点儿抠门。思考一下，你会发现每个人的亲戚结构都差不多。

你讲自家亲戚的这些事，讲自己是怎么处理的，如何不伤感情，还能把面子圆回来。其实这就是小人情，但通过这些能够让女方父母知道，你是个懂人情世故的人。

在中国这样一个相对复杂的社会里，人情世故上机灵、练达一点，未来岳父母会觉得女儿跟你过日子不会吃亏。

家长里短不熟悉，不要紧，自家的家长里短总熟悉吧？回家跟父母聊聊，精心准备一下，然后带着一定的方向感和女方父母聊天，不要总旁若无人地自说自话，那样没意思。

你要明白这个道理，和你未来岳父母相处一点儿都不困难，你一定会获得他们的喜欢。

如何才能很好地说服别人

扫码看视频

说服别人是一门很大的学问，当年，在哈尔滨到牡丹江的火车上我遇到过一个要饭的，这个要饭的给了我很深的感触。

当时，那个乞丐不仅仅是托着一个碗要点钱，在要钱的时候他嘴里还说着一段话，这段话很有意思。他是这么说的：

"手捧轱辘在家园，一心访友在外边，朋友见了朋友面，拨开云雾见青天。我一不偷二不抢，兜里没钱上火车。民政带司法，铁路管半拉。黑香皂、白香皂，你别把社会搞乱套，想要饭就得拉脸造。我说各位叔叔大爷的，你赏我个块儿八毛的，闪不了腰、岔不了气，折腾不了房子也卖不了地，也不耽误年轻人说媳妇，谢谢各位。"

这词很厉害，里面蕴含着一套很朴实的说服人的技巧，我现在来给大家分析一下。

"手捧轱辘在家园"，讲自己是残疾人；"一不偷二不抢，兜里没钱上火车"，表示自己一穷二白；"民政带司法，铁路管半拉"，讲铁路在运输上，自己就吃这口饭的；"黑香皂、白香皂，你别把社会搞乱套"，比喻不管是干啥的，要和气生财。

这一套下来，很明白地告诉大家这个人是做什么的，而且把自己的困难很巧妙地讲给了大家，这是用理来说服人。

那么接下来便是哀怜口，通过诉说自己可怜，用人情套住大家，这就是情，也就是用感情来打动听众。有理有情，这一套下来，基本上就把所有人都给打动了。

说服别人最难的情况就是要饭，凭什么人家的钱在自己兜里装着要拿出来给你呢？但这位要饭的就不一样，他这一套话下来，很少有人能招架得住。这就是会说话的本事，一通话下来就能把人的心给说动。

我在这里讲特别会说话，其实讲的就是说话的方法。想让自己特别会说话，这首先是要有一个系统化的表达方法，也就是你思路得清晰，对一些事情的认知程度也得比较高。

我们有些朋友思路确实很清晰，但在与人沟通表达的过程当中，好像突然间碰到了一种障碍，想好了不知道怎么说，明明想得很顺畅，一张口就带到别的地方；或者被别人打断之后，不知道该怎么继续下去；或者明明觉得自己理直气壮，可是偏偏对方完全不接受自己的观点。这就需要学习更高层次的沟通技巧了。

我觉得，无论我们是做节目，还是从事其他行业，都需要一种能够让人接受你的思维的能力。你在生活当中，总需要让人跟你合作，你怎么能说服别人，这非常重要。

比方说，你想加薪、想升职……如果老板不答应，你可能就要跳槽，可是你还没有想好跳哪儿去……这个问题就很难办了，怎么跟老板沟通，怎么能说服老板呢？

还有你回到家里，大龄女青年，家里逼婚，你怎么能在不伤害两辈人之间感情的情况下，让父母理解你的理想抱负和生存处境，这都需要有很高的沟通技巧。

说服人或者说沟通的技巧无非就体现在两个层面：一个是你选取的时间；再一个是你切入的角度。说起来这两点很容易，但做起来特别费劲。因为这需要一种沟通的媒介，需要一种细腻的、润物细无声的手段。

优雅地拒绝别人才厚道

我们生活当中经常出现这种情况，你想拒绝别人，又不知道该怎么拒绝。一方面，你怕拒绝别人会导致你们之间的关系破裂；但另一方面，如果你不会拒绝别人，你的生活将永远跟着别人的节奏走，这是非常难受的。

那么，拒绝别人的话要怎么说出口呢？

有人说：拒绝不能太生硬了，所以要尽量委婉，也就是婉拒。可是婉拒有的时候我们会发现有点儿问题，比如说，女孩儿面对男孩儿的疯狂追求，但她看不上这男孩儿，觉得他个不高、长相差、收入低、没文化，那怎么办呢？

通常女孩儿会客气地说："我觉得你是个好人，你肯定会找到更好的女孩的，可是咱俩不太合适。"女孩儿觉得这样婉拒不伤面子，但是偏有那一根筋的人就反驳了："我是个好人，你还不喜欢我？你是眼睛瞎啊？"

　　假如碰上这样一根筋的就不好办了，死缠烂打，甚至有时候会酿成一些小悲剧。所以说，婉拒也是要看场合和对象的。

　　如果你要拒绝的对象是聪明人，能听出弦外之音，一点就透，用婉拒没有问题；如果你要拒绝的对象是那种一根筋的，情商比较低的，那就不能婉拒，就要直截了当地回绝。

　　比如在《三国》里，曹操官渡之战之后想请司马懿出山。司马懿那时候就琢磨自己不能去，他考虑的原因有二：一是曹操当时手底下谋士如云，自己到那儿去也抢不到好位置；二是官渡之战虽然打完了，北方袁绍的势力还挺大，到底鹿死谁手当时还不是很清楚。就这样，司马懿决定等一等。

　　可是他也知道曹操这个人心狠手辣，曹操有句名言叫"宁可我负天下人，不可天下人负我"，他如果真不去，说不定曹操会有别的想法。于是，他需要想个拒绝的方法，他的方法就是在家装病！

　　司马懿装病的本事很大，曹操的使臣来了，他是这么说的：我很想为丞相服务，可是你看我现在这状况……这样，我一定去，等我病养好了我就去。

　　这个婉拒就很合理：第一，我可没说我不去，我不得罪你，我去，我捧你；第二，我得病养好了，但是病好了，别人说了不算，得自己说了算，我感觉好了才算真正的好。进退有据，把主动权掌握在自己手里，这叫婉拒。

　　曹操呢？一代奸雄，一听就明白了司马懿的想法。曹操的内心活动是：行，反正早晚你会为我所用，在我手心里头，我也不怕你跑哪儿去。所以曹操就答应司马懿了，因为他可以等，他明白司马懿的意思。

　　这是婉拒很成功的例子，双方不伤面子。可是面对那些一根筋的人，如果仍然对他们婉拒，结果就会拒绝失败然后吃大亏。

比如说，林冲雪夜上梁山没有退路了，火烧草料场，带着柴进大官人的一封信找白衣秀士王伦，即当时的梁山泊之主。王伦得了柴进不少钱，得给他面子。

但是一看林冲来了，王伦不想留，为什么呢？也是两个原因：一是林冲能力太强了，如果有一天他想要对自己怎么样，自己就无计可施了；二是林冲得罪了高俅，高俅急了发兵过来，以当时梁山的实力就被灭了。

不想留就直截了当跟他把原因一说，以林冲这样的红脸汉子，可能就知难而退了。偏偏王伦磨磨唧唧，一会儿想柴大官人的面子得给，一会儿又说林冲乃英雄好汉，最后拿出点银子来，说了句"我怕耽误了好汉的前程"的婉拒之词。

王伦这一番表示，给人感觉是我想留，就怕我这小庙配不上你这大神。林冲是个直性子，于是就说："我确实没地方去了，你给我个住的地方让我吃口饭，我愿效犬马之劳。"

两人就僵到这里了，于是王伦尴尬地说："你入伙得有投名状，你得手上沾上血，你下山吧，你给我杀人、抢东西。"

林冲下山，引出跟杨志一场恶斗，最后白衣秀士王伦委委屈屈地把林冲留下来。结果后来怎么样？到晁盖、吴用这些人上山，看出来林冲对王伦不满。

明明王伦在林冲走投无路时留下他了，但之后林冲心里还认为王伦磨磨唧唧、推诿责任，不是个爽快的好汉，而且嫉贤妒能，所以恨上王伦。

结果在酒席宴前，林冲愤懑地说："我上山之时你便推三阻四，如今有几个好汉怎么的？"吴用赶紧在旁边说："哎呀，不要为我等伤了和气，不可伤了王头领性命！"就这样，林冲拔出刀火并了王伦。

大家认为王伦冤不冤？其实当初对林冲，他就应该直截了当地说：我不是为别的，一是你能耐太大，我们用不起；二是因为你得罪高俅，我们犯不上，好汉给我们条活路，别把我们挤对死了。以林冲的性格，这番话一出口马上就走了，就没有后来这些祸患了。

结果王伦该直截了当给出底线的时候，却用委婉的方式给自己惹了一身祸，很不值当！

再比如开头的例子，"你是个好人，你肯定会找到更好的女孩的，可是咱俩不太合适"。如果真碰到一根筋的话，就要直接告诉他，说："大哥你人很好，情趣很高，可是我就是个俗人，我就喜欢帅哥。你看你也不够帅，咱俩在一块的话，我心里头挺窝囊的，将来肯定有个好女孩欣赏你。算了，咱俩拉倒。"

直接就告诉他他不够帅，自己不喜欢他就完事儿了。所以直截了当地回绝，反而省了后边的很多麻烦，避免了很多可能发生的悲剧。

所以说，婉拒可以使用，但是得针对情商比较高的，听得懂话的，明白暗示的聪明人。碰到一根筋的，赶紧直接回绝了，也就是直接把话给推回去。如果不推回去，让他产生很多幻想，接下来就容易惹大麻烦。

拒绝别人还有一些具体的情况，比如说有一个朋友就曾经问我：我的房东在做一个保健品的经销，总给我推荐这个保健品。他说我的体质太弱太虚，正好他的保健品能对症下药。可是我对这个保健品没有任何兴趣，我还怕吃坏了身体，但是人家也是一片好心，你说我该用什么合适的话委婉地拒绝他呢？

在这里，我告诉大家一个窍门，凡是涉及跟你健康相关的，给你推荐某款药或者保健品的人，他不见得特别专业，就算是专业，也不见得了解你的身体。

所以，你可以准备这样一番话：我什么什么时候去体检了，大夫告诉我，我这种体质如何如何，在服用一些药物和补品的时候，要注意什么什么。我看了这个保健品的说明书了，这里边含有什么什么成分，不好意思，我恰恰对这种成分过敏。

你编一个大夫的话去推他，这一方面给了他面子；另一方面又达到了拒绝的目的。

"谢谢你，谢谢你关心我，可是不凑巧，我对这个过敏……"这样的话很委婉地拒绝了对方，还不伤和气。你要是直接拒绝——"我对这不感兴趣"，人家会想自己一片好心被你给当成驴肝肺了。

这种善意的谎言，可以不伤情面，大家面子上都能过去，是一个拒绝别人的小技巧。

过年给爸妈买衣服总是不愿要？那是你话没说对

有网友提问：跟领导、父母该怎么交流？

对于这个问题，我觉得你可以思考一下，自己为什么和他们交流不下去。比如说领导，如果你觉得和领导没得聊，那你就要反思一下，为什么不多去了解领导一些呢？也就是说，你一定要提前针对沟通的对象做功课，琢磨一下你的领导是什么样的人，他的爱好是什么？

比如你的领导刚一调来就在会议室安了一个乒乓球桌，不用问，他肯定喜欢打乒乓球，那么你在聊天的时候多和他聊乒乓球就可以了。

无论是对领导还是客户，你都要提前做功课，这样才能沟通更顺畅。不过，对于父母则需要另一番技巧。

逢年过节的时候，许多人都会给父母买点儿东西。有时候是给他们买衣服，不过现在的衣服很多老年人都嫌贵，给他们买他们也不要。而且有时候都买完给他们了，父母看了之后问多少钱买的？这个时候连实话都不敢说，只能把价格往低了说。往低了说父母还不干，动辄说：

"你个败家子，前年的衣服还没穿完呢，你又给我买新的，你挣几个钱啊？"遇到这种情况该怎么处理？

遇到这个问题的时候，往往有很多朋友会用这个方式解释，编造一个假话——这个衣服是给谁谁谁买的，结果他不能穿，号大了小了什么的，退还退不了了，所以你就穿吧。

这个谎话说多了就跟"狼来了"似的，爸妈慢慢就不信了。"什么？还给他买的？他那么点岁数穿这么老的色儿，你糊弄谁呢？"没几回老人就不信了。

我来告诉大家一个比较简单的方法，什么方法呢？就是大家要琢磨老年人的心理，他们多数是从相对贫困的年代过来的，过日子节俭，说节俭是好听的，你要往负面点说，有时候容易为了节俭贪小便宜。

为什么？原来资源就那么点，你也抢我也抢，所以中国很多老年人都有占小便宜的心理。包括你看现在哪个药店要是促销的话，说多给一盒餐巾纸，那老头、老太太能搬着椅子排一下午队。

这不是说咱们瞧不起现在的老年人，就是贫困年代留下来的饥饿印象，促使他们很多时候想占点儿便宜。

所以，你不妨告诉父母，这衣服是单位谁谁谁怎么怎么买的，结果穿不了，人家不给退了，问我能不能要，我说便宜点我就要，好像这个我爸或者我妈能穿。

父母肯定要问这衣服便宜多少，那么你怎么说呢？假如这衣服五百买的，你说一百五，你得先说它原价，再说这情况。

如果这个人你父母也认识，他们马上就会信。再说这衣服原价五百现在卖一百五，这有差价，人都有占便宜的心理，老头、老太太一琢磨，这么便宜咱算捡到了，所以肯定就痛痛快快地答应了。

如果是别的东西你开始跟他说一百五，他可能嫌贵。你说原价五百，现在只要一百五，他很痛快就买了，有很多人都上过这种当。

我以前给大伙儿讲过这个事，有哥俩在门口唱双簧。假如说卖衣服，人家过来问："你这衣服多少钱？"

弟弟："啊？你问啥？"

顾客："这个衣服多少钱？"

弟弟："啊？你大点声。"

顾客："这衣服多少钱？"

弟弟："啊，听着了，哥啊，这衣服多少钱？"

他哥哥在里边，张嘴就喊："一百七。"

结果弟弟对顾客说："一百一。"

顾客一听，原来里头的老板是他哥哥，卖货的是弟弟，耳朵不太好使。刚才说啥他也听不见，问他哥哥多少钱，他哥哥在里边明明说一百七，他就给听成了一百一，这便宜能不占？

顾客就说："一百一啊，我买了。"一百一卖给顾客了，其实那件衣服连五十都不值。哥俩是在唱双簧，利用的就是人占便宜的心理。

咱们年轻人有时候都会上这个当，老年人更是如此，这样他们以为这衣服一百五，就接受了。

怎么安抚亲朋好友的情绪

扫码看视频

有一位朋友提出了这样一个问题：我的女朋友情绪不太稳定，有时候工作上受一点挫折回来跟我诉苦，我明明是帮她出主意，可是最后弄得她挺生气，跟我闹别扭，是不是我不会说话呢？

这个问题怎么解决呢？我们举个例子来说明一下。

比方说女朋友回家说："亲爱的，我气死了！今天我接待了一个客户，想签个合同，这客户五十来岁，还有点谢顶，那眼睛色眯眯地盯着我，把我恶心的，太来气！这个工作干得多遭罪！"

这时候男朋友给她出主意："那你呢？你理他干吗呀？以后见这样的都躲。"

这时候女朋友说："我躲？我躲我怎么挣钱呢？我指着他签合同挣钱呢！你出的什么主意？"

"那行，咱不躲，咱换个工作干干，就别干这个了，还受着委屈，还得陪别人！"

"换个工作？现在找工作这么难，你换工作，我往哪换去？你给我找工作啊？"

"行行行行行，算我说错了，咱别干了，你就在家待着，我养你！"

"你养我？你挣几个钱？你养我？你看我那闺密找的老公，人家一年挣五六十万，你要能挣那些钱，我才不上班呢！我在家待着，你有那两下子吗？"

两人不欢而散，矛盾在哪呢？固然这女朋友挺矫情，但我们大家想，她正在气头上，正是情绪不佳的时候，如果你不化解她的情绪，反而激化她的情绪，结果当然是成为她攻击的对象了。

你觉得委屈，"我是给她出主意，换个工作，要不不干了，她怎么还冲我来呢？"但实际上就是你说错了话。

我来告诉大家，这个时候她根本不需要人给她出主意！人在工作当中遇到一些挫折是很正常的，不能说遇到点挫折就不干了，这是不可能的。

那她要的是什么呢？只不过是跟最亲密的人，把这负面情绪发泄出来，发发牢骚，那劲过去就拉倒了，谁工作当中还不遇到点事？

人家没想让你给出主意！什么不干这活了，换个工作了，在家待着，等等！没让你出主意，你瞎出什么主意呢？所以有很多人跟你诉苦，跟你发泄的时候，他们其实就是把情绪给发泄、倾吐出来就过去了。

你最好的方式是什么呢？就是帮助她把这情绪发泄出来，就完事了。没必要给她出主意！出主意把人的本意弄反了，回头她还埋怨你。

大家看《红楼梦》里有个情节特别有意思，叫"晴雯撕扇"。

晴雯把扇子弄坏了，宝玉不仅不怪她，还找来一堆扇子，让她撕着玩。晴雯把扇子都撕完了，那股火也发泄出去了，这时候脾气各方面也都好了，你说什么她也都听了。

所以人有时候那股劲上来，就是为了发泄情绪。没想说这事儿一定要解决，或要怎么着，也没有说把这个困难想得天大。只是心里过不去了，出口气而已，这时候不要给人瞎出主意。顺其自然地帮助她把负面情绪发泄出来，你就功德圆满了。

与这个类似的，有一位朋友发来了这样的留言：我老公脾气不太好，有时候莫名其妙回家就生气了，也不知道因为什么。我明明帮他说话、替他着想，他反而冲我来了，跟我急，总跟我吵架。是不是我哪句话说的不对了，我该怎么办？

这个问题和刚才的一样，这就说明这类问题有一定的普遍性。在我们生活当中，两口子或者说恋人间很亲密那种状态，有一方不高兴了，另外一方本来是劝他，反而被冲着来了，越是亲人间越容易发生这个事。

其实我告诉大家，首先这事没什么大不了的，他为什么跟你发火呢？说白了人在家以外的地方，能跟领导随意发脾气吗？能跟同事随意发脾气吗？

所以，当心里真的窝火的时候，跟身边的人发脾气无伤大雅。两口子打架，床头打架床尾和，这很正常。他在你这里把负面情绪发泄出去，可能他这气儿就过去了，这没什么大不了的。

但是，确实可能存在着你在面对身边亲人发脾气的时候，是因为你不会说话！什么叫不会说话呢？我们来举个例子。

老公一回到家跟自己媳妇说："我今天有点好事，跟我老板喝酒了。老板说我提你职，你干得不错。"

这时候当媳妇的有可能就这么说："哎呀，还信那个？人喝完酒之后，说话还有准啊？最不值钱的就是老板、领导对你的承诺。再说，你不看看你平常在单位的人缘？你说你说话那个直，不考虑人家感受，全公司人都让你得罪净了！我看门口那李大爷能升职，你都升不上去。那小刘比你晚到公司两年，是你下两届的师弟，你看人现在都提中层了，都当经理了！你还是一个办事员，在那晃荡着，你丢人不丢人？"

这时候丈夫正在兴头上呢，媳妇哗一盆冷水倒去了，他能愿意吗？所以我告诉大家，不要当这种不会说话的人，哪怕是对着亲人也不好。

那么遇到类似的情况应该怎么做呢？这个时候你先顺着他说。

就说这种情况。丈夫说："哎哟，今天领导跟我喝酒了，说要提拔我当中层。"你就说："哎呀，这事好好好，我听着也高兴。要不你没喝好，咱两口子再整点红酒，我给你炒俩菜去。"

这多好的局面！等坐那吃上、喝上再劝他："虽然他说要提拔你了，你不能全信哪。因为你这领导，有的时候说那话，就是为了照顾人情绪，反正咱该咋干还咋干。在单位里还得注意，你得给领导留个好印象。你有时候说话容易得罪人，咱今后注意。都要提你了，你想想，照顾照顾大伙情绪，上下级关系都融洽一下。"

这么一说，做丈夫的不就心平气和地接受了吗？

所以，越是对身边亲近的人，越要顺着毛往下捋。对方正难受呢，结果你火上浇油；对方正高兴，结果你哗一盆冷水，这无论是谁都受不了，尤其是身边的人！他完全没有想到会突然间有这样的事，很可能这时候就跟你急。

该低头时就低头，开口和动手前先问问脑子

扫码看视频

我们平常做事不成功，往往是什么原因造成的呢？我告诉大家，从情商角度来看，就是你的嘴和你的手比你的脑子还要快，你就要出事。

一张嘴话说出去了，一动手事儿干了，这时候没过大脑，你嘴欠、手欠，就出事了。

聪明人要学会什么时候该闭嘴，什么时候该低头。所谓"遇险自保"就是这个道理。

什么叫遇险自保呢？就是人要知道，要学会适当地低头。有的人是什么呢？在网上学了两句金句：不要低头，皇冠会掉；不要流泪，坏人会笑。这就是完全错误的观念。年轻人最重要的就是学会低头认尿，你不低头，那么你是什么资历？你有多大能耐？

我们举个例子：闺密两个人买水果，这一溜都是水果摊，两个人在一个摊位面前挑半天，那老板不耐烦了，有点别的事就进屋去了。闺密两个人挑好了要买，但这老板没出来，就到别的摊位买去了。

她俩来到老板邻居那摊位挑好了要买，正付钱时那老板出来了。一出来就骂街了，嘴里嘟囔，潜台词是"在我这挑半天不买，跑人家那买去了，你把我水果挑的稀巴烂，水果都给我捏坏了"。

听了这话，邻居卖水果的老板就进屋了，其中一个女孩就忍不住要跟骂街的老板理论，另外一个女孩赶忙拉走她不买了。

这被拽的女孩说："你干吗，你拦着我，咱就让人欺负了，这话多难听。"

但是拽人这个女孩儿说："不是，咱们得躲，第一，他出来一骂，那个老板就进屋，说明他是个恶人；第二，他骂的不是咱们，是抢生意的同行，你找他理论他就把火发到你身上了；第三，卖水果的都有水果刀，刀就在他旁边，他要拿刀捅你，你划得来吗？"

很多朋友可能还记得那件事，几年前一个女的带孩子去火锅店吃饭，上菜慢了和服务员理论起来，不依不饶要投诉，最后服务员一盆热汤泼她头上了。

这叫"路逢险处须当避，不是才子莫吟诗"，就是在这个时候你得躲，你理直气壮没错，但是得考虑到后果，有的人就是一肚子垃圾情绪，你为什么要让他把垃圾情绪倒你脑袋上呢？

所以说，每逢开口之前都要先想一想，该闭嘴的时候一定不要乱说话，该低头的时候一定不要瞎逞强。

在单位，巧舌如簧真不一定是好事儿

扫码看视频

有个朋友说：和那些很会说话的人在一起，感觉自己特别笨嘴拙舌，很不会来事儿，我该怎么办呢？

这个问题解决起来特别简单，不会说话就别说，或者少说。为什么呢？因为少说话就是少说错话，大家千万不要以为谁巧舌如簧就一定是好事儿。

在每个单位里都有一个大家公认的人精，比如有个人和领导、同事关系处得都非常好，见人说人话，见鬼说鬼话。但反过来想一下，这对他来说是好事吗？当然不是。

如果读者的身边有这种人你会怎么想呢？有事你会防着他，因为他太精了，你会想"万一他害我怎么办"。有好事也没人会找他。他这样到底是大聪明还是小聪明？当然是小聪明。如果你在单位里特别能说的话，反而不是件好事。

还有种情况，如果你在单位里太能说会道，就会给人一种印象——

有什么事儿都得找你说道说道。那以后如果遇到单位同事之间有点儿矛盾，大家让你评评理，你该怎么办呢？说好说坏都得罪人。

所以说，在单位里不要给人留下太能说的印象。

不过，如果真的遇到同事之间起冲突的事情，咱们该怎么做呢？简单来说两个字：劝和！你应该上去说："有什么大不了的？什么事真不行，咱们找老板去解决。"

为什么呢？同事之间如果争吵下去，尤其是小领导跟员工之间的争吵，难免有以大欺小的嫌疑。

如果这个小领导摆架子，当着众人吵，作为下级的员工脸上也挂不住，这就容易使双方的吵架变味。明明是沟通，就变成了斗气。

员工觉得自己受到不公正待遇，双方越拱火越容易起激烈冲突。这时候如果他俩真打起来，或者骂得很难听，大家面子上都不好看。

你以为这是看热闹，但其实不是！一个单位真出了这样的事儿，每个员工心态都会有变化的：我们是个什么样的集体？我们的同事都是什么样？我怎么能在这样的单位？

所以这个时候，即便是从人人和谐相处来讲，也应该站起来劝和。那么怎么劝和呢？请读者记住一点：劝架，别当裁判！也就是往下压火。

比如你这样说："别别别，这点事不值得二位吵。我们心平气和的，坐着好好说，行不行？别站着。老板就在那屋，这事儿问问老板不成吗？让他说句公道话不就完了吗？"几句话把两把火压下来了。

记住在任何场合都是这样，千万不能拱火，不能把矛盾激化。人最坏的就是激化矛盾，就是看热闹不怕事大，这种人是非常恶心的，所以这个时候作为其他员工应该站出来劝和。

解决不了矛盾不要紧，不要让矛盾在众人面前激发、强化，那样就太寒碜了。我们是文明人，不要把这种事情演化成直接的冲突，所以这时候你照顾了别人的面子，其实就是照顾了自己的。

还有网友发来了这样一条留言：总有人在单位跟我抬杠，说得比我好，我说不过他就来气儿。这一来气儿，大伙儿更笑话我，怎么办？

对于这位朋友，我倒认为，说不过就说不过吧，你就呵呵一笑了之。就当对方吐你一身唾沫，驴尿马尿一擦就掉，那这事儿就这么过去了。

当然，我并不建议你要一直这么忍，你可以有预谋地对他进行一下反击。对方说你十回了，在办公室的大家都看见了，这个时候你再和他翻脸，这个翻脸就是有预谋的。

比如，有同事又用言语挤对你，你一拍桌子："你干吗？杀人不过头点地，你想把我怎么地？我哪得罪你了，你这么刻薄有什么好处？"然后拂袖而去。

中午拂袖而去，下午回来上班你就没事儿了，但对于他来说就不一样了。因为平常脾气好的人一发脾气，那是惊天动地的，因为他不是"狼来了"。

周围的同事就会说那人："你看人多老实，你说你平时老损人家干吗？你有能力说咱们处长去。"大伙儿会把矛头都指向挤对你的那个人，你获得很大的同情分，这点很有好处。

所以，你不会说话，你着急，其实是你不会办事儿。

各位如果生活中要有这种事情，可以用这一招试一试，这事儿就云淡风轻地过去了。用不着为这事儿上火，因为你的先天条件就是那样，要根据自身的条件制定战术。

　　但有些人说，我就是能说会道，已经给人留下了巧舌如簧的印象，这怎么办呢？如果你总是显得巧舌如簧，那你得记住：说得好听，大家高兴；说得不好听，就叫刻薄。那么比较好的一种方式，就是尽量说好话，如果遇到不能说好话的情况，你就尽量别说话。

在领导面前说话总是紧张？
我来教你一招儿

有朋友提问说：每当人多的时候，或者说在公共场合需要发言的时候，自己就觉得头脑木讷、逻辑混乱、思维尴尬、前言不对后语，就好像大脑里边有一个黑洞一样，该怎么解决这个问题？

我来告诉大家，这不是你的表达有问题，而是你的情绪过于紧张。只要你的情绪能够一点点平复，克服这个心理障碍，一般来说你表达是没有问题的。

因为，在大多数时候你并不需要像一个演说家一样，在众人面前慷慨激昂地把你的意思很清楚地表达出来，你只不过是跟大家说清楚你要干什么，你想传达什么信息，这个其实并不难。那么怎么做到呢？

第一，你一定要做功课。比如说今天你的老板、主管或者领导可能会让你给同事说说近期的工作总结、部门的发展规划，或者向大家说明某个情况。这些内容是可以提前准备的，并不是让你即兴演讲。

那么你在家里一定要把所需要的内容写在纸上，如果你没什么信心就写个文稿，有点儿信心你就写个提纲。

然后拿着提纲在家里练着说几遍，记住说几遍绝对不是对着镜子、对着墙在那自言自语，而是跟家里人讲。你眼前得有人，最好是吃饭的时候，全家人都在的时候。

"你们别动，听我跟你们说点儿事，你们看我这表达有没有问题。"跟自己爸爸、妈妈、老婆、孩子等说一说。好记性不如烂笔头，好记性也不如碎嘴子，说两遍你自然就熟了。

有人说跟我爸、我妈、我媳妇儿倒没什么，也不紧张，一说就能说出来，但是一到单位一看领导那张脸就说不出来了。那么我告诉你在这个时候该怎么表达。

你在家不是练了吗？这熟练程度应该没问题了。你带着笔记本或者带着电脑，在说的时候你把那本打开或者把页面打开，说："各位，因为我这里面有一些数据之类的内容，我怕我记不准，我对着资料给大伙儿说。"

哪个地方卡壳了你就低头看本，一看本你就想起来该说啥了。而且这些东西在家里你叨咕一遍了，你能不熟吗？这样就能说出来了。

而且拿这个本最重要的是，你可以把目光的焦点放在这个笔记本上、放在电脑上，你不用看人，你的紧张从哪儿来？有时候你就是看到某个人紧张，所以低头，消除紧张情绪。

这是初级阶段，下一步脱稿，就不看笔记本了，这些东西你已经记熟了。那怎么消除紧张情绪呢？

你害怕见到领导就别看他，在座的人里头你跟哪个同事最熟、你跟哪个上级最熟，就是你看见谁不紧张，那么你在说的时候主要就盯着他。"我在工作当中，是这样规划的。"就好像私底下跟他聊天一样，你轻易别看别人。

有人说盯着别人看那不礼貌，那么你还可以偶尔低低头或者捂捂脸、拍拍脑门等，弄得不那么尴尬，不那么呆板。

然后第二阶段就这样过渡过来了，到第三阶段你看谁都不紧张了，因为你都熟了。

还有一个网友留言：我是一个部门领导，但平时少言寡语，开年会的时候，领导让我为大家送祝福，但我不知道说什么，该怎么办？

送祝福的方法是万能的，只要你说出大家愿意听的话就可以。这里我举个例子：各位朋友，有一天我不知怎么就穿越了，然后碰到了上帝。

上帝说："既然这样，咱也算有缘，我可以实现你的心愿。"

我说："我希望身边的朋友一辈子健康、快乐。"

上帝说："时间太长，我没法满足。只能许四天。"

我说："那就这四天：春天、夏天、秋天、冬天。"

上帝说："你这是糊弄呢，不能四天，就三天。"

我说："三天就是昨天、今天、明天。"

上帝说："这不还一样嘛，那就两天。"

我说："白天、黑天。"

上帝乐了，说："你这就糊弄到底了，那就一天，看你有什么办法。"

我想了一会儿说："要是一天的话，那就让我的朋友每一天都健康、快乐。"

上帝说："我服你了，那就这样吧。"

所以，这个愿望，我希望能实现，在这里祝愿我所有的朋友，每一天都健康、快乐。

　　这样说就很精彩，而且是递进关系，四天三天两天一天，最后落到每一天都健康、快乐，底下保证有掌声。这还不算完，前面是抖，后面就是翻。

　　你可以说，这愿望不是我许你们的，是上帝许给你们的。给人以层次感，就可以收获第二份掌声。

和领导、同事争论，这样回话更有利

　　有一个朋友问：老梁，我在单位有的时候和同事就业务或者其他问题经常有争论，也不知怎么回事，明明我特占理的事，一争起来之后我马上就大脑空白，啥也想不起来了。一肚子理、一肚子证据什么都说不出来了，就忘了。等到争完了，我也都想起来了，弄得我这个窝囊、这个委屈。这种情况应该怎么办？

　　我告诉大家，如果是和你的下级争，你肯定不会忘；你要回家给你爹妈讲理较劲，你也不会忘。问题是你和单位的同事，往往这个同事与你平级或是你上级，你在他面前没有心理优势。

　　为什么呢？因为你见面会紧张，你太看重这个争论的过程，想向他证明自己：我怎么怎么样，我是占理的。越这样，你会越紧张，这种状况可能短时间之内不会有改变。

　　不过，等到有一天你成了上级，你占据心理优势了，你就不紧张了。所以说这个事情要一点点锻炼，一点点来，眼下很难解决。

不过，我这有一个相对能够管用的办法。

比方说一争论起来，你脑子一片空白，什么都忘了，对方不停地说，压得你抬不起头。你直接就这样表示："行行行，我真说不过你。你这不讲理，把我都气糊涂了。行行，我不跟你说了。"

你先躲着，不跟他争论。等坐下来之后，缓缓劲，心平气和地想一会儿，想充分了，甚至把你的论据都写到纸上、写到笔记本上。这时候你再站起来："唉，我这气劲过去了，咱们心平气和地说说道理，我觉得你不对。"

你拿着本，一二三、三二一，把你的论据充分地说一遍。这时候不是 ABCD，双方互相交锋，而是变成了你一个人在阐述，你还是拿着笔记本看着说的，肯定不会大脑空白。

第二种方式是，回到家里，用电子邮件、微信、短信等方式，把它弄成文字。当你冷静下来之后再想，其实你的逻辑性是没有问题的。你把它写下来，然后以这种方式发给对方：你看，我认为你今天不对，我是有道理的……

给大家举个例子，香港四大才子读者们都是知道的，他们是蔡澜、倪匡、黄霑、金庸。

金庸先生曾经办过一份报纸叫《明报》，倪匡在金庸办《明报》的时候给他写专栏。《明报》一开始经营状况并不好，金庸给他发的稿费挺微薄，而且一写三年稿费都没涨，香港的物价却噌噌往上涨！把倪匡给难为坏了。

他一打听，金庸给别的作者都涨价了，唯独没给他涨稿费，他心里当然十分来气。终于有一天，倪匡憋不住了，推开金庸的办公室，指着鼻子就骂："你这个薄情寡性的人！我扶植你这些年，你要稿子，什么时候拖过你？你竟然给别人涨稿费，不给我涨！"把金庸给一通痛骂。

金庸先生这个人嘴比较笨，那么这个时候他用了什么方法呢？就是干脆不吱声，等倪匡骂够了，金庸心平气和地说："我忙，回头我给你细说这事，好不好？好不好？你先回去。"就把倪匡打发走了。

没过一天，倪匡就接到金庸写的一封信。我们金庸先生嘴不会说，但能写东西，于是就写了一封信。倪匡看完这封信什么反应呢？眼泪都下来了。

倪匡心想：金庸太不容易了，我作为朋友怎么能向他要钱呢？反过来给金庸道歉去了。

但是，我们想一下，如果当时金庸要把信里写的东西跟倪匡现场说，倪匡也在气头上，一肚子都是道理，一定不会有好的结果。

所以如果你的反应慢，在这个瞬间嘴跟不上不要紧，也不要着急，事后再来算这个账，想好了再跟对方说，或者你不会说，就写出东西给对方看。

人争利益之长短不在一时，好饭不怕晚。你逞一时口舌之快，效果也不见得理想。如果你感觉自己笨嘴拙舌，大可不必为这种现场辩论似的落后局面感到烦恼。

以后再遇到类似的问题，就记住刚才我说的那两条：一是想清楚了，我再给你说一遍，把这种对着争论变成自己单人演讲的方式会好很多。

二是写邮件、发微信直接给对方看。当你逻辑思维清楚的时候，你要认为你绝对占理，这些事都没有问题！

新员工被老员工欺负怎么办

有网友反映自己在公司经常受老员工挤对，问应该怎么办？对于这个问题，我觉得可以先从说话之外的角度考虑。

首先，我们可以从正面去理解这个事，如果老员工不欺负新员工，新员工怎么成长呢？

年轻的读者听着可能觉得残酷，如果你当过兵就能理解这个事情了。部队里边，当班长的早晨起来牙膏都是新兵给挤好放到那里的，你可以说老兵欺负人，可是新兵就是这么过来的。

快板书怎么说的？"刚入伍的叫新兵，过了一年成老兵，老兵就把那个新兵带，带出那个新兵成老兵。"你别小看小快板这四句，说的就是一个代价传承的过程。

咱现在说老师教学生得讲人性，不能随便体罚学生。可是大家有机会找资料看看过去戏班子，一句话不对就一嘴巴子，为什么要这样呢？不这样不行。

武生在台上翻跟头，做不到位老师就是一鞭子，人的肌肉是有记忆的，记住之后动作就能做对了。

你看着好像不讲人性，但这是很有效的教学方式，如果你不经过这些挫折，你很难理解这些东西。

人前显贵，背后遭罪；成人不自在，自在不成人。残酷往往是经受磨炼的一个起点。

比如天津有个相声演员叫李伯祥，李伯祥他爸爸叫李洁尘，背贯口的时候他下不去手打儿子，就请刘宝瑞教他儿子。

刘宝瑞躺在炕上抽烟，李伯祥在地下背，一句不对，刘宝瑞一脚把孩子从屋里踹到屋外去了，回来之后李伯祥还得跪那儿说"谢大爷给饭吃"。

现在李伯祥的贯口在相声界没几个比他瓷实的，这种磨炼是全方位的，不光是技能，还有情商。

作为新员工，到一个新单位里，老员工欺负你这是很难避免的，你没人人头熟，没人势力大，姚明刚到 NBA 也得给队里老大拎包，这是同一个道理。所以不要把这些当作负面的东西，要把它当成一种正向的磨砺。

在我们那个年代，刚到一个单位端茶倒水是很正常的事情，现在这样不行了，得讲个性，所有人都得尊重我。但是，年轻人有多大能耐呢？能耐大当然有人尊重你，但如果没有能耐，想获得别人的尊重是很困难的。

所以获得尊重的方法就是使自己强大起来，怎么强大？让有经验的人尽情地欺负我，在别人的欺负之下，人会一天天强大起来。

但还有一种情况，就是老员工摆明了要你难堪，或者让你处在一个难堪的境地，那应该怎么办呢？

比如开会的时候有一个同事突然站起来直接说你的不是，"那个工作就是由于你的失误才没干好的"。

这个时候你记住，千万不要马上去辩解，你说一句"你说的不对，怎么能赖我呢"，结果你俩当场就得吵起来。

你们两个人吵起来之后，在领导心里就全部减分了，老板会认为你们两个人都不怎样。所以，无论他怎么说你，你都要面带微笑回应他，怎么回应他呢？

"好，这个事我正好借着这个机会说一下，本来我打算会后和直接关系人解释的，既然你在会上提出了，那我就现场向大家解释解释。"

解释什么？如果你占理，那你说的肯定没问题。如果这事确实你错了，你解释的时候就躲开你错的地方，谈你怎么辛苦。

"为了这个事，我费了那么大劲，但是困难在那儿摆着，我必须得承认，这是我的一个失误，为了这个我做了很多努力，大家看我这样努力能不能弥补这个过错？"

这就像曾国藩给慈禧太后上书，一开始打太平天国净打败仗了，曾国藩上的奏折原来写的是"屡战屡败"，后来他加了一句，改成"臣屡战屡败，屡败屡战"。

虽然屡战屡败，但是曾国藩败了接着再打，这个给领导的印象分一下就增加了。其实工作当中大多数领导不仅在乎你的能力和成绩，更加在乎你的态度，你的态度代表着对老板的忠诚度。

这种方法就是不去正面反击他对你的指责，等于把对方的指责引过来，变成了你对老板献上的一片忠心。但如果你跟他在那儿争，领导一看，这两个人肯定都有问题。

　　所以说,遇到有不给你面子的老员工,你不要在言语上跟他起争执,要转变一下心态,就算要辩解,也一定要注意表达技巧。

　　这也反过来劝大家,你对哪个同事再不满,也不要在大庭广众尤其是领导在的情况下直接指责他的不是,容易把他惹急了让他攻击你。

经常受挤对的老实人该如何发飙

　　有网友发来了这样一条留言：梁老师您好，在日常工作和生活当中经常会遇到一些人跟我抬杠，或者拿话挤对我、嘲讽我，我本人性格急躁，有时候会和他们争几句，但是总觉得说不过他们，该怎么办？

　　我想在生活当中有很多朋友都拙于口舌，就是不善于言辞表达，有的时候跟人斗两句嘴，斗不过人家，这个时候自己就会有很强的挫败感。那么遇到这种问题应该怎么处理呢？

　　我告诉大家，如果你身边的人，朋友或者同事经常跟你抬杠，拿话挤对你、嘲讽你，那么说明他肯定是抓住了你身上的某一个弱点，比如你工作上、生活上、人际交往上的一些问题。

　　如果你硬跟他争，第一是嘴皮子不如人家，第二是你争的时候，他也能抓住你的一点小毛病，而且是大家都能看见的。你一争显得你虚荣心强、回避问题，不肯承认错误，反倒让你的弱点暴露出来了。

　　那么，最好的应对方法是什么呢？

你首先要保持沉默，不予理会，或者哈哈一笑，自我解嘲，"你说得对，你说得对，我一身毛病"。

先认怂、低头，为什么要这样做呢？因为你都认怂了，大家就会把关注的点放到说你的这个人身上，"就算你说的是对的，你为什么总说人家呀？太刻薄了吧"。

我给大家举个例子，《红楼梦》里边薛宝钗有一回跟着贾母还有林黛玉一帮人到道观里看戏，那老道拿出来个宝贝儿让大伙儿看。

一看是个镶金点翠的麒麟，贾老太太就说："我记得府上谁有这东西，好像就比这个小。"

这时候薛宝钗说了："史湘云妹妹身上戴这个东西。"

大家一听都想薛宝钗记性真好，还细心，大伙儿都称赞薛宝钗。

唯独林黛玉酸溜溜地说句话："我看宝姐姐别的事上没那么细心，就是谁身上戴些东西，她可细心了。"

这话什么意思呢？当初薛宝钗看贾宝玉身上戴那个通灵宝玉，翻来覆去地看，还看那上面八个字"莫失莫忘，仙寿恒昌"如何如何。

林黛玉吃醋，意思你薛宝钗对宝玉这么好，还记得这个，在这儿说出来。

所有人都听出了弦外之音，但林黛玉说的是事实，薛宝钗如果为这事和林黛玉争执，大伙儿会想："你这不撒谎吗？你确实对宝玉上心。"

那薛宝钗采用什么方式呢？不吱声。这一不吱声旁边看的所有人都觉得林黛玉太刻薄，看人家对宝玉好点怎么了？至于当众揭人家这个，揭人家那个吗？所以大家把这个不好的想法都直接搁到林黛玉身上了。

所以有时候你用沉默来应对是最好的选择。不要小看沉默，这个东西不得了，佛就说一默如雷，沉默的力量有时候是很大的。

这样能使大家提高对你的同情心，转而把说你那个人的怨气搁到他身上。当然，我说这个也绝不是让你一味地低头。如果对方总这么用言语攻击你，你要选择一个人多的时候，发一次脾气。

咱们有很多朋友都是老好人，不知道什么时候该发脾气。我告诉大家，老好人发脾气一定要选在人多的时候。

比如说中午休息的时候，大家都在吃饭。同事又挤对你，你饭也吃得差不多了，"啪"把饭盒一摔，最好菜汤都洒出来。

"你干吗天天说我？我哪儿招你惹你了？"然后就转身出去，显得自己很气愤，下午继续回来上班，当什么也没有发生就过去了。

这个时候所有人就会想挤对你的人，看把老实人逼到什么程度了？一天天这么刻薄！人家怎么了？人家多不容易啊！

这时候，大家就会想你的好处，然后想他的坏处。

而此时，挤对你的人也得琢磨琢磨，自己是不是做得过了。

所以我不是让大家永远沉默，我是告诉大家，在恰当的时候爆发一次。你得知道什么时候发火是管用的，这个尺寸你掌握好了，大家会更同情你，去指责你的对立面。

处理这种情况的时候一定要把握好分寸，不要觉得别人说你两句就不行了。你先忍，隐忍而为，在恰当的时候低头认尿，绝对是高情商的一种表现。

遇到事情千万不要脖子始终梗着，觉得自己特别厉害，别人说一点儿就受不了了。这样大伙儿可能会对你更加来气，就好像咱们每个人单位都有这么一个人，什么事都精得不得了，一点儿亏都不肯吃，有便宜事都没人愿意找他。

所以呢，示弱往往比示强更有效。

《康熙王朝》里班布尔善到索尼府上去跟索额图下棋，班布尔善走了之后索额图赢了挺高兴，跟索尼说："父亲大人，你看这棋我赢了。"

索尼一看说："这不对，他要走这你不输了吗？以班布尔善的棋力应该能看到，这棋不难啊。"

索额图当时便感叹道："难道他故意输？"

索尼就说："这个人你得防着，鳌拜处处逞强，而班布尔善处处示弱，这人了不得啊。"

民间的说法叫什么？扬脸的婆娘低头的汉。这女的走道要抬着脸，很牛的样子，不好斗；这男的走道要总低着头，好像要捡钱似的，心机深沉。

说人的长相都是两腮无肉，必定难斗。这人瘦的两腮无肉，肯定很精。大家看像我老梁这样的，这人傻，就让人感觉好交朋友。

所以说呢，适当地低头对自己是没有坏处的。人必须得学会什么时候认怂，你躲了一时，就能免掉很多灭顶之灾。

我告诉诸位，别人挤对你，先忍、忍、忍，忍到一定程度。赶人多的时候小规模爆发一次，把你的脾气露出来，完了云淡风轻地过去。最后你会得到很多人的同情，而你的对头将会成为受人指责的对象。

适当表达，掌握好节奏

　　一位即将艺考的网友留言提问：我怎样跟评委交流，才能既展示自己的才华，又不会让评委觉得我是在炫耀？

　　在这里我给大家讲一下，艺考有好几个阶段，最重要的是初试这一关，你要给考官留下一个好印象。

　　曾经也有一些想考传媒大学的学生来找我辅导，我是怎么辅导的呢？

　　如果他真有过硬的才艺，他基本上就不会有这样的问题了，那他才艺不过硬的时候该怎么办呢？一定要在形式上玩一点比较新颖的东西，比如说把两种艺术形式进行嫁接。

　　你会的几种才艺可能不精，不过你可以从每样拿出一点来和别的嫁接，让人觉得在形式上特别新颖。

　　我曾经辅导过上《星光大道》的一组歌手，他们打算唱《霸王别姬》，一开始按京剧模子走下来，然后再改美声和民族唱法。

我说不行，你们那京剧除了第一句像，后面全完蛋，那怎么办呢？就唱第一句，唱完之后直接进音乐，看的人还觉得你第一句唱得好。

我曾经还辅导过一些搞模仿秀的人，我告诉他们模仿谁都只要四句。

第一句必须特别像，抓这个人的最主要特征，比如单田芳、马三立等。

第二句叫精华，就是把这个人的所有特点淋漓尽致地表现出来。

第三句要使个包袱，能把大伙儿逗乐的。

第四句要收口，赶紧跑，因为超过四句，谁都不像。

读者们都知道我那个徒弟，星光大道冠军杨光，他学我就像，可是我告诉他，你学我就四句，千万别多了。

有一次在节目里点评的时候他模仿我点评，说多了，到后面下边人就觉得不像了。为什么呢？因为他毕竟不是我，超过四句以后声带就维持不住开始模仿我的那种状态。所以，所有的模仿都要见好就收。

有的时候，我们也会面临一些自我夸耀的环节，这也是自我展示的一种，那么这个时候怎么样才能显得不那么自傲呢？我来给大家举个例子。

南北朝时候，有个大诗人谢灵运。他很骄傲，但平生只佩服一个人——曹植。他说："天下才共一石，曹子建独占八斗，我得一斗，自古及今共分一斗。""才高八斗"便由此而来。

那么这段话应该怎么读？它是怎么传递出这个信息的？大家别小瞧这四句话，它有强烈的递进关系！

第一句介绍背景，"天下才共一石"。然后，"子建独占八斗"，这为铺垫，曹子建占了大头，转移视线。"我得一斗"，这个叫真正的相声里的那个"抖";"自古及今共分一斗",这叫"翻",这一翻,便表达了他所有的意图。

意思是曹子建独占八斗,再厉害他也死了,活的人里面,我得一斗,你们大家分剩下一斗,你看我得多牛呀!

所以,语气、铺垫和自己要表达的意图,要完整地融合到一块,它们是不能分开的。

芈月是如何通过六分钟的演讲改变秦国的

扫码看视频

《芈月传》大伙都看过，芈月当上太后后，遇到很大的危机，外边五个国家虎视眈眈，里头有人要造反，甚至派人伪装成禁军要刺杀她。

芈月在这种危机重重的情况下，干了件什么事呢？把禁军叫来，在广场上，她慷慨激昂一通演讲。这演讲我看了，总共就六分钟，整成文字不到一千个字。

但就这区区一千字，弄得大秦这些禁军啊，死活效忠太后，我要跟你干，我们怎么怎么着，芈月一下子就把人心给收回来了。

这就是能耐，读者如果感兴趣，可以把这六分钟演讲给看一遍，我再给大家解析为什么她这演讲能把人给抓住。

大家看芈月最开始的时候先讲什么，按常理说禁军要造反要刺杀她，芈月上来应该理直气壮地问：你们为什么要造反？凭什么造反？

但芈月没有，那她采用什么方式呢？是先顺着造反士兵的思路来，也就是不从自己的角度出发，而是从对方的角度出发。

她上来先问："你们为什么要当兵？难道当兵就是为了要造反吗？当兵是为什么？是让自己活得好，能够保护自己家人，先吃得饱穿得暖，然后日子过好了，得到人尊敬，荣华富贵。"

这番话太关键了，是顺着这些当兵的思路，这叫什么呢？晓之以理，也就是先跟对方讲道理。你说你们当兵为什么？不就是为自己活得好点吗，不是为了造反！

接下来呢，动之以情。芈月反问士兵说："你们想要的这些，我都能给你们，可你们呢？你们跟着造反那些人，他们能给你们什么？你们出生入死，他们什么都不给你们啊！就算是赏你们一点，也是嗟来之食。说白了，你们各位多少回为他们出生入死，最后什么也没捞着。"

这些人一听就明白了，我们为那些人出生入死，最后什么好处也没得着。所以，这时候情绪就被带动起来了，咱们说人和人之间沟通，百分之七十是情绪，百分之三十才是内容。

如果你把沟通对象的情绪调动起来了，他看你顺眼了，那么你说什么都是对的。他要是看你不顺眼，你说的再对也不对。

芈月厉害在哪儿呢？前面晓之以理，这会儿动之以情，接下来说到根本上了，诱之以利。诱惑人得靠利益。

芈月怎么说呢？

"你们想要的我都给你们，我给你们公平竞争的机会，只要你们付出，一定能得到。大秦国不光是我的，也是你们的，是你们儿女的。你们将来只要努力干，你们可以当小官当大官，甚至食邑万户，封万户侯。"

当然，这个说实在的有画饼的嫌疑，但这一画饼，大家情绪进一步被带动起来，为什么呢？看见希望了，觉得无比美好。强劲的想象带来真实，人们觉得自己是有奔头的。

晓之以理，动之以情，诱之以利。这还不算，得一锤定音，让大家产生认同感，把气氛拱起来。所以这时候芈月用简洁有力的词汇，简单粗暴地把气氛拱起来。

芈月问了一句："你们敢不敢去争取，你们能不能做到？"

底下士兵回答："太后，我们敢，我们能。敢！能！"

大家不要小瞧最后这两句话，这里面的学问非常大。如果芈月这么说："这个，各位将士，你们要勇往直前，你们要奋勇争先。"

结果底下将士喊："太后，我们勇往直前，奋勇争先。"

四个字加前面六个字，喊得不齐不说，这气氛也差，容易说泄气了，所以煽动性强的话语一定要简洁，一定要短，一个字最好。

我们经常看有些搞培训的，问下边人能不能做到、对不对、好不好、是不是，这些"对""好""是"就是诀窍。

关于这个诀窍，我给你讲一件真事。有一次，我跟电视台一个主持人合作一个节目，一个歌星在台上唱完歌了，下去之后主持人问底下的观众："你们说他刚才唱的歌动听不动听啊？"

底下观众喊"动听、好听"，这两个字底下一旦喊得不齐，现场场面就非常混乱。

节目下来我就告诉他这使得不对啊，他问我哪里不对，我说问话要想得到大多数人的回应，需要这么问："刚才他这歌啊，唱得好不好啊？"

所有人都喊"好"，这一个字太容易喊齐了，气氛哗地就起来了。能一个字别两个字，能两个字别三个字，汉语就是这么回事，音节越短，煽动性越强。

中 篇
老梁带你善用情商

特 别 会 说 话 2

情商高的人不等于心机重

扫码看视频

有人问：情商高是否意味着心机重？

我认为，情商和心机不是一回事。心机指什么呢？是利用自己的心眼儿来获得完全利己的机会。情商是什么呢？是利己又利他的。

情商指双赢，就是顺情说好话，对方爱听，自己也获得了对方的好感。比如对方冒出一句话，你接不住了，你尴尬，他也尴尬。

举个典型的例子：《红楼梦》里，贾环诬陷贾宝玉把金钏逼死了，贾政气得把贾宝玉打得卧床不起，生了棒疮，惹得林黛玉天天流眼泪。薛宝钗琢磨这事跟他哥哥薛蟠有关，肯定是薛蟠在背后使坏，就问他哥哥。

薛蟠来气了："你怎么不向着我？你是有爱情没亲情了，喜欢宝玉就有异性没人性了！"把薛宝钗给抢白一通。

薛宝钗回家越想越来气，一晚上气得没睡着，伤心得眼睛都哭肿了，早上起来显得很憔悴。出门遇到黛玉，黛玉看宝钗眼睛肿了就吃醋，知道她准是为宝玉哭的，就说："宝姐姐别哭了，你就算两只眼睛都哭肿了，流了两缸眼泪也治不好宝玉棒疮啊。"这明摆着她吃醋刻薄，薛宝钗一看没法接这话，扭头就走了。

这个场面是什么？杀人一万自损三千，两人都受伤，两人都有心病。黛玉这看着是讽刺对方的，她自己何尝不是流两缸眼泪宝玉的棒疮也不会好，回头一想自己扎心不扎心？

所以情商是什么？情商指的是自己不受伤，别人不受伤。而且必须注意：千万不要把情商和智商对立起来。很多人就觉得智商高的人情商低，情商高的人智商低，那是完全错误的。

比如《生活大爆炸》里，还有《权力的游戏》里都有这样的角色，包括《欢乐颂》里也有，其实这是不对的。在生活中，那种绝对高智商低情商、高情商低智商的人，那样绝对的人是几乎找不到的。

有的人说自己就是高智商低情商，或者高情商低智商，其实这是人为的对立。

再举个例子，单位里搞技术的人通常觉得自己技术过硬，不怕领导"整"，恃才傲物。但是，可能领导就对这样的人看不顺眼。因为领导要用的人，一类是管用的人，还有一类是听话的人。

记住：人才管用不好用，奴才好用不管用，这是永远的真理。

搞技术的人认为：我智商高、技术能力强，不屑于溜须拍马，我抵触与领导搞好关系，因为搞不好显得情商低。其实，不是他情商低，是他觉得自己来气。

相反，有些行政干部围着领导身边做好服务工作，总觉得自己是个办公室主任，不围着领导转、不嘘寒问暖就是失职。

确实，他们照顾领导，这是应有之义。这些人围着领导转，时间长了，就有人认为他们光靠人际关系溜须拍马，不会别的。他们自己觉得技术人员一个个死脑筋，在单位搞好关系怎么了？大家见我都露笑脸怎么着？时间一长，两伙人对立起来。

各位朋友，如果你有过职场经历，就请好好想一想，你的单位有没有这种情况？百分之百有。

这种对立是：有的人天生就溜须拍马没能耐，有的人就是恃才傲物不会处理人际关系。大多数人沿着这种习惯思维往前走，把它给极端化放大，但其实情商和智商不是绝对对立的。

如果你是单位里的业务骨干，为什么不放低点身段，跟其他人搞好关系呢？可能你的技术能力在单位是出类拔萃的，但放到全国范围就不算什么了，真的没必要。

同样，希望和所有人搞好关系、被说没能耐的人，也得加强自己的业务学习。因为单靠人际关系，这个单位一旦有一些变化，你就很容易被时代抛在后头。

所以，这两者之间应相辅相成，千万不要把它们绝对对立起来。只要把这个对立融合起来，你的个人境界就可能抬高一大截。

情商是指人与人的沟通交往，有两点需要注意：第一，娃娃还谈不上沟通交往，他们是简单地吃喝玩；第二，人与人交往是有羞耻之心、有恻隐之心的真正成人。

对孩子来讲，你给他讲实现个人价值他能明白吗？

"情商从娃娃抓起"不是给他讲人和人怎么沟通交流，而是讲基本人伦，情商的基础是人伦。

什么是人伦？试想，孩子能抬手打自己爸爸的嘴巴吗？不能。孩子得不到东西时，马上就地打滚，毫无规矩，能行吗？也不能。

人伦是情商基础，教孩子得教人伦规矩。

人的能力低下，慈善机构都能配合你，让你活下去。但是你要不讲规矩，可能你就活不了。

能力低下，是天作孽犹可活；不讲规矩，是自作孽不可活。

什么时候开始来关注情商的培养比较好呢？从初中到高中开始。

因为孩子在初中到高中的时候，已经摆脱了儿童的嬉戏状态，自己也开始意识到这个问题。与此同时，孩子的初中课程也同步。初中、高中的语文课本和历史课本，尤其上初中开始学历史，他知道历史是什么了——历史就是人和人过去的一种关系。

这个时候，他就该关注情商层面的东西了，他要意识到：跟老师的关系、跟同学的关系要控制在一个合理的距离之内。

情商是在和人不断打交道中锻炼出来的

扫码看视频

有网友提问：如何在平时提高自己的情商？

其实，情商的培养是一个比较难的过程，为什么呢？因为没有实践操作是培养不了情商的。如果过年回家没有被亲戚围攻过，你就不知道该如何化解。因此，情商一定是在挫折当中一点点培养起来的。

如果你干什么事都畏首畏尾，不敢尝试，你也不愿跟人打交道，这肯定是不行的。

我曾说过这样一句话：低头看手机，抬头还是得面对人，何况手机里也是朋友圈。

情商是怎么锻炼出来的？就是在不断与人打交道的过程中锻炼出来的。如果你整日在家里，认为听个节目、翻两本书就能把情商提高，那是不对的。听节目、翻书学来的东西，需要到外面去实践。实践才能出真知。

有网友留言提问：别人借自己的钱不还怎么办？

要钱也是一个很考验情商的技术活。其实，把人捧到一个高度，就是一个把钱要回来的方法。

举个例子，比如你的闺密借了你两万块钱出去旅游了，她对你说，等回来就还你。然后，她在朋友圈各种晒旅游的照片，等她回来之后，你心想，这下该给你还钱了吧？结果没还。

这时候，你发现她发了一条朋友圈，内容是她在商场买了一个套装，价钱是一万多元。

你生气，暗想：你不还我的钱，还拿着钱买这个，真是把人气死了。

可是，对方又是你的闺密，如果一开口跟她要钱，那就伤了和气。这时候，你就要用我说那招儿——捧她。

"哎呀你这套装太漂亮了，你这肤色就适合这个套装，这样式和你的身材真配，你怎么这么会挑衣服呢？咱们找到一件这样合适的衣服不容易，要是我不要命都得买，刚好最近我也看上一件衣服，没你这个贵，也就五六千，你要是手头宽裕就先还我一点，我怕那衣服卖没了。"

只要你把她捧到一定高度，她心里一高兴，抵触情绪就没那么强了，这笔钱也就会还给你了。

低情商的庞统下场很悲惨

扫码看视频

看到庞统不比诸葛亮差这句话时，很多人都有点儿不服气，觉得还是诸葛亮厉害。可是，庞统的外号叫凤雏，与诸葛亮一龙一凤，能力也是不相上下的。

然而，凤雏比较倒霉，后来攻打雒城时，在落凤坡一带被刘璋的部下乱箭射死。

三国这些大家，司马懿算是顶尖的，但也有"死诸葛吓走活仲达，吾不如孔明"一说。能与诸葛亮并驾齐驱的只有庞统，可是，为什么说庞统不如诸葛亮呢？

论智商，庞统与诸葛亮是不相上下。但说到情商，他比孔明先生弱很多。

为什么呢？因为庞统不会"来事儿"，只能四处碰壁。当初，庞统到江东找孙权，说白了，就是已经通过举荐，到最后一关面试了。

凤雏的名气这么大，孙权也想看看。结果一看，心里就有点儿不高兴。为什么？因为庞统长得不好看，粗眉毛、短胡子、脸黢黑，鼻子还是朝天鼻。

作为主考官，孙权问庞统：你的学问算哪一派呢？儒、道、法、墨？阴阳纵横归哪儿？

庞统一听，孙权是在小瞧自己，因为自己的学问根本不止这些。于是，庞统说道：我呀，不算哪门哪派，我算随机应变派。

庞统的意思就是自己啥都行，口气很大。

就像今天，主考官问你：你是哪个学校毕业的？

你说：哦，985，211。

主考官说：管理、文秘、程序之类的，你精通哪样？

你要在这时候说："我啥都行"，那主考官肯定不爱听。

孙权强压住火，说自己手下也有不少英才，尤其是周瑜——周公瑾，乃人中之龙凤，不知你与公瑾相比如何？

庞统怎么答的？他说，我跟公瑾的学问不大一样。

言外之意，就是周公瑾比自己差多了。其实，庞统也没撒谎，他能力确实比周瑜大。可是孙权一听很生气，这就相当于庞统直接把他的"偶像"给否定了。

于是，孙权生气地说：此处水浅难养真龙，先生请便吧。就这样，把庞统撵走了。

庞统来到刘备处，他手里本有鲁肃——鲁子敬写的举荐信，鲁肃跟诸葛亮打招呼，诸葛亮便顺水人情也写了一封举荐信。

但庞统恃才傲物，认为自己不该靠着朋友的举荐当官，于是两手空空地面试去了。

可刘备一看庞统的长相，贼眉鼠眼的，心里就有些不待见，于是直接给他弄到地方当县令去了。

由此可见，庞统的情商确实比较低。

最典型的是后来攻打渐川的时候，渐川的刘璋也是汉室宗亲。刘备说保护刘璋，防止张鲁打刘璋，结果自己却算计了刘璋，打了一场胜仗。可是，庞统心里清楚，这是哥哥打兄弟，利用兄弟对哥哥的信任。

晚上，刘备大摆夜宴喝酒，喝得非常高兴。

等刘备喝得差不多了，庞统也喝得差不多了。

刘备说："凤雏先生，我今天很高兴，你看如何呀？"

庞统上来就说了一句："主公素来以义播于天下，但是算计兄弟攻城略地，你高兴成这样不大合适吧？"

这话的意思就是说刘备假仁假义，整日里标榜"我爱我兄弟，我对得起汉室宗亲"，可今天攻下兄弟的一座城，就把他给乐得够呛。

刘备听完，当时就生气了，于是两人不欢而散。

后来，刘备的酒醒了，打算给庞统一个台阶下："昨天这事儿怎么样啊？"按理说，庞统应该跟主公认个错。可是，庞统却答："咱俩都有错，扯平了。"

由此可见，庞统的情商确实是不够高。

想要自律，就要对自己狠一点

扫码看视频

什么是自律呢？

最明显的自律，就是日常的饮食控制。就拿糖尿病患者来说，如果不自律是没办法治疗的。就算有再好的胰岛素，再好的二甲双胍、拜糖平，如果患者不控制饮食，也没法遏制自己的病情。

很多糖尿病患者都说，只要自己迈开腿拼命锻炼就行，可是，如果在锻炼完之后大吃大喝，那锻炼也是白搭。

所以自律有一半是逼出来的，大夫告诉你，如果再不控制饮食，就会怎么怎么样时，你就会因为害怕而自律了。

就像有人说，我肯定戒不了烟。但只要大夫告诉你再抽明天就死，你马上就能戒一半。

另一半自律是什么呢？是训练的结果，在 2005 年时，我戒烟是一次什么样的训练呢？

  我妈对我说：你别抽烟了，你看咱家有个亲戚都得肺癌了。我说我能戒。我妈说：你能戒啥啊，我一走你就抽。

  当时，我就确立了一个目标，就是向我母亲证明自己。

如何控制自己的情绪

扫码看视频

　　心理学上有个词叫同理心，同理心其实就是换位思考。想一想别人跟你抬杠的时候你心里多么难受，你就不会去跟别人抬杠了。

　　当你每次想控制情绪前，都可以让自己进入一个场景。比如你和同事探讨工作，可是你们每次探讨工作都有矛盾，怎么办呢？你不先发难，等他向你发难你再反击。

　　就像《武林外传》一样，"世界如此美妙，我却如此暴躁，这样不好，不好"，郭芙蓉的办法其实是管用的。

　　你得先把自己沉下来，有些人是什么心理准备都没有，遇到事一点就着，这肯定不行。说到底，想要学会控制情绪，最关键的还是要学会换位思考。

朋友借钱不还?
一开始就别给自己挖坑

扫码看视频

有位朋友留言:朋友借钱不还,我到底该怎么办?

道理很简单:朋友借钱不还,你要从现在开始往前复盘,回忆一下,自己当初借他钱的时候,脑子里在想什么。

告诉你一个最简单的方式:借给朋友钱,不一定看他的偿还能力,要看交情。最主要的一点,你在借的时候就要想:如果他不还,我能不能承受?

比如对方是你好哥们,你就算把钱给他了都认。可是,如果他再跟你借,要是没有利息你就别借;或者我一个月收入 3000 块钱,他找我借 10 万元,我没有这笔钱;或者我借给他,但 10 万元数额太大,我负担不起,再好的交情也不行。

有能给他的心,你再借他;没有给他的心,你指望他还,到时候他不还,你会发现不光钱没了,朋友也没了,不是两败俱伤吗?所以直接点没坏处,直接把底线给他。

　　像我朋友借我的钱，我说："不借，有钱。"

　　"有钱为啥不借我？"

　　"咱俩交情没到，我信不着你。"

　　对话是非常简单的，怕就怕优柔寡断，左一下右一下，最后把自己伤了。

　　这就是情商。情商是什么？不是心机，不是让你琢磨人，而是让你认清别人，认清自己。

　　认清自己，这钱借出去我能不能受得了？认清别人，他跟我交情没到借钱的地步，他有偿还能力不？

　　认清自己，认清别人，绝不只是为了谁有利，而是为了避免双方受到伤害！

　　所以情商的含义是：让我们平平安安在这个世界上绕过种种的险滩和陷阱，自己别给自己挖坑，也能拒绝一些别人给你挖的坑。

爸妈总是买那些没用的保健品该怎么办

扫码看视频

最好的办法，就是你拿出时间去陪陪老人家。为什么他们被忽悠买保健品？因为老年人的信息是最不对称的。

有时候，你会不断听你爸你妈说这样的话："电视上都说了，能有错吗？"其实，他们不知道现在电视上的假广告实在太多了。为什么他们的信息会不对称呢？因为他们除了电视、报纸这些传统信息渠道之外没有其他渠道，连拿手机上网也不会。

怎么办呢？

这就需要长年在社会上工作的、有经验的子女来教他们。可是，如果子女下班回家就拿个手机玩，也不跟爸妈交流，他们怎么获得第一手最真实的信息呢？

还有的老年人，他们买保健品是为什么呢？是因为那些卖保健品的一口一个"爸、妈"，把他们给弄蒙了。

有个老头曾跟我说："哼，我明知道她是骗我，但人家姑娘天天管我叫爸，我自己儿子我都见不着，我就愿意给她钱，我才不给那个小兔崽呢。"

可见，对老人的关怀和长情陪伴，是解决这类问题的最好方法。

问题是你拿得出时间吗？你有时间可能练瑜伽去了、跳舞去了、喝酒去了、打麻将去了，拿出点时间陪陪老年人，给他们讲讲这些事，就可能避免他们上当受骗。

怎样面对那些说你的、批评你的人

有句话叫"若要卖，脸朝外"，什么意思呢？就是你干的是演艺这种外向的工作，就不要怕别人说你。而且大家要记住，说你不好的才是你真正的观众。

比如我遇到一个人，我说"小兄弟你主持得不错"，其实他的节目我一场都没看过，只是说句客气话。

要是我对他说"我觉得你情绪控制上要注意"，说明我认真看了他的节目，这叫"褒贬是买主，喝彩是闲人"。

举个例子，你到菜市场去卖菜，有人说"这菜真水灵"，这种人是不会买你的菜的。"你这菜上有虫眼，能不能便宜一点？"说这话的才是你真正的买主。

你得意识到，说你不好的、挑你刺的，那是真正看了你的直播、你真正的观众，也就是你的衣食父母。

你干这行，这些人才是真正捧你的，你一定要有这个意识。你要受不了别人说你，很多事都是干不成的。

当然，如果对方不是批评你，而是诋毁你、攻击你，那就又是另外一回事了。这两者的区别在哪儿呢？前者是针对你的行为或者艺术水平，后者是针对你这个人。

我跟大家讲，我自己还挺自信的，我认为我是掏心掏肺和大家交流的。可是即使这样，你可以去翻评论，你看我微博底下也有不少骂我的，很多网友看着来气，就在微博底下跟那些人抬杠。

我告诉大家，真的没必要，你叫不醒一个装睡的人，你也不可能扭转一个人的固有观念。不管怎么说，一定有人会不喜欢你，可能有多少人喜欢你，就有多少人不喜欢你，这个是每一个公众人物必须面对的问题。

你得允许别人说你不好，而且你得心平气和地接受，和我搭档的女嘉宾很多都是受不了这些才不来的。

不过，作为吃"开口饭"的，这些都是必须面对的，有人说你说明你多了一个观众、多了一个听众。干这行的人要是做不到这一点，就不要干了。

情侣应不应该秀恩爱

现在我们有一句话叫"秀恩爱，死得快"，为什么呢？

秀恩爱首先是个"秀"，秀是什么？电视里的真人秀，尽管是真人演的，但是它是有剧本的，也是编的。比如孙红雷、黄渤挺有趣的，跑男邓超很有意思，但都是按本子走的，所以说秀一定不是最真的，它是假的，或者说是高于普通生活的。

秀恩爱是什么呢？比平常的恩爱还要更明显一点，更浪漫一点。

当然，作为女孩都喜欢浪漫，白马王子驾着七彩祥云来接你，每个少女都有这样的梦。

但梦都是不真实的，你见过哪个人驾七彩祥云的？

这是高于生活的。所以我们说，秀是不真实的，如果你平常总秀恩爱，你就觉得平常生活就应该这样。

可是一回到现实生活你会失落的，期望越高，失望越大。我觉得，在特殊的节日，比如七夕节、情人节可以秀一把，别天天秀。就像《泰坦尼克号》里，杰克和露丝秀啊秀，结果船撞了。

　　"秀恩爱，死得快"是指你总去秀就会把这个当作一个期望值，期望值一高最后必然失望就大，所以秀这种事得控制在一定范围之内。

　　而且，秀恩爱两人的条件得差不多。比方说男方的经济条件太差，兜里没钱，你让他吃浪漫大餐或者到哪儿去玩，一次两次可以，时间长了就受不了。

　　你能看着你爱的人陷入这种境地吗？所以秀还得符合自己的经济实力，两个人玩个浪漫，晚上出去吃点饭，喝点红酒助助兴，一起坐那儿数星星，也挺好。

想要婆媳关系好，要把婆婆当领导

扫码看视频

中国有句话叫"婆婆就是妈"，我很不认同这句话。

为什么呢？

因为两个没有血缘关系，而且前二十多年可能还不认识的人，如果一进门就互相称呼对方为"妈"和"闺女"，那肯定是不现实的。

而且一旦婆婆拿媳妇当闺女，媳妇拿婆婆当妈就出事了，为什么呢？

你可以这么想：你和你妈就算话没说到一块儿去还打断骨头连着筋呢，你和你婆婆就不一样，你俩之间可能说一句重话就记一辈子。

那要怎么办？不要拿婆婆当妈，因为婆媳不是真正的母女。要拿她当老板，你在单位怎么哄老板你就怎么哄老太太，她怎么说都是对的。

婆婆拿儿媳妇当什么呢？别当女儿，当学生。学生有错老师肯定得说啊，但不能抬手就打，毕竟不是你亲生的。

所以说，最重要的还是两人之间的距离要把握好。

夹在老妈和老婆之间，如何处理婆媳关系

有网友提问：我总是夹在我妈和老婆之间，感觉特别难受，有没有什么方法可以解决一下婆媳关系呢？

婆媳关系特别难处，儿子夹在中间确实里外难做。但解决这个问题，有一个基本原则，就是不传谣、不信谣。

经常有这种情况，老婆婆和儿子说，"孩子，你媳妇怎么怎么的"，你一回头便和你老婆说，"我妈觉得你哪哪不好，你得改"，你老婆心里能高兴吗？

另一种情况就是正好反过来，你把媳妇说的话传到你妈那边。这样本来两人关系挺好，让你一搅和就完了，成了两头和稀泥。

另外一点，如果婆媳作息时间不一样，就尽可能减少她们的见面时间，别让她们往一块掺和。

只要一掺和，一定有问题。

所以，作为儿媳妇，要有自己的事业，尽量不要去干涉老人的生活；

作为老人，也要记住，千万别去干涉孩子的生活！

因为时代不同，互相干涉必生矛盾。而作为儿子，两头安抚，有时候说点假话很有必要，要都说真话，那就完了。

遇到无能的领导赶紧跳槽

扫码看视频

有人问：遇到"一将无能，累死千军"的领导，应该何去何从？跳槽。

有人问为什么？因为你改变不了领导。

如果领导碰到一个特别笨的下属还有办法，为什么？因为领导能支配他，让他换个地方，或者是再招人。可是领导你换不了，那么，"一将无能，累死三军"的现状就很难改变。

有的人力资源专家把人分成四种。

第一种是懒惰的聪明人。懒惰的聪明人能当大领导，自己不干，他就会想出很多招让你干，这样的人最适合当大领导。

第二种是勤快的聪明人。这种人适合当执行主编、执行董事，为啥？他既聪明又勤快，动手能力极强，能当二把手、三把手。

第三类是懒惰的笨蛋。懒惰的笨蛋可以做普通员工，因为他没什么能力，还挺懒，推一推就动一动。不要怕他绝对懒，你给他支持，用奖金等各种方式进行激励。

第四类是勤快的笨蛋。指特勤快的那种人，他动手能力太强，有时候容易坏事，好干的都干糟了。

任何单位里都会存在这几种人：德才兼备的，有德无才的，有才无德的，无德无才的。

如果你的领导无才无德，不行，就是无才有德也不行。因为领导是要做决策的，决策的人如果是"一将无能，累死三军"的，那对一个单位来说是最大的灾难。

我们常说，很多人有时候都想当奴隶，为什么？奴隶有什么可当的？奴隶最大的好处是：不决策，不负责，你说干啥我就干啥。

作为一个领导最难的是：这件事是我定的，我得为这事负责任，责任重于泰山。

所以，"一将无能，累死三军"的领导，他负不了责任，又没有能力带着团队往前走，你最好的办法就是赶紧跳槽。而且，这种没能力的人往往也糊涂，认知不清。即便员工是为了他好，他也觉得员工是在害他。

遇到这样的领导，你确定他不可能离开这个单位，那你还在单位跟他较什么劲？赶紧跳槽，不要在这种问题上费脑筋，不值得。

单位有人给你甩锅，这么做就对了

扫码看视频

有网友提问：同组的人总是喜欢在领导面前邀功，而把锅甩给我，怎么办？

他在领导面前邀功你就顺着他说，要是他把锅甩给你，你就说他确实纠正了我的错误，他做得好。

完了之后找个和领导单独会面的机会，跟领导讲自己的辛苦，同时不经意说出来他们那些人的锅有时也得你来背。

"我也要顾全大局嘛，要是搞得关系不好，项目完成不了对谁都不好。"

让他觉得你特别委屈，天底下没有比装可怜更能打动人的了。

怎样和领导搞好关系

有网友经常为与领导搞好关系发愁，因为在一个单位工作，必须要与领导相处好，但与领导走得太近，又容易让同事红眼。

对于这个问题，我是这样考虑的。首先，这个尺度确实很难拿捏，从与领导搞好关系这个层面上看，你要比领导多想一些，比领导早想一点。不能说领导要干这活儿了，你马上过去接过来，在他没干之前你就要想到。

我记得某个电视剧就有这个情节，到单位第一天当秘书，工商局把新的营业执照带来了，他拿起来之后就钉墙上了，还挺美观，领导看到了，也记在心里了。

作为下属要眼睛里有活，比领导想得早，这种事情不用多，干一两次就行。

如果你领导是个真有见识的人，你拍马屁根本没用。你只有真正把事情做了，才能给领导留下一个好印象，而且也证明了你的执行能力。

所以比领导早想一点，多想一些，比拍马屁有用多了。

在职场，该不该多管闲事

有网友留言：我在单位做财务工作，不忙的时候就顺手帮业务人员把报销单漏的地方给填了。这本来是件好事，结果好人难做，有的业务人员根本不领情，说这就不是他的事。遇到这种情况我该怎么办呢？

首先，每名员工都要做好自己的分内事。就拿单据来说，该报销的就报销，缺的一些单据、手续，建议别替别人补。因为补对了大家皆大欢喜，要是补错了，就是好心办坏事。

在职场，我们要克制自己做事的欲望，做好自己该做的事，不该自己干的事不要碰。

对于一些觉得情况变了的同事，你可以说以前确实没有这个规定，或者说以前这个规定不严，现在经理严格要求谁的手续谁来办，如若被经理发现，罚我事小，但有可能会影响你的报销。现在手里有点儿流动资金还是好的，工资又不高，我再影响你报销，那不是耽误你事吗？

　　每个人都觉得还是自己的事最重要，都多少有那么点小自私，你报不报销、填不填表，根本碍不着我的事，影响的是你自个儿。

　　这么一说，他感到自己的利益受损，放心，下次他准妥妥地把这个单据预先给你准备好。

女性在职场被性骚扰之后该怎么办

扫码看视频

现在有投诉的渠道，可是这种投诉成本非常高，所以，还是先谈谈如何保护自身。比方说，不要跟异性单独在一个空间相处，尽量在公众场合，在人多的地方接触，身边至少得有一个人。

如果领导有过分的行为，女职员必须报警，因为忍让只会刺激他的欲望。周星驰的《九品芝麻官》里有这样一段话：你叫啊，你喊破喉咙都没人理你，你越叫我越兴奋。就是这个道理。

很多强奸案都是以性骚扰开始的，被性骚扰之后忍让，忍让反而刺激了犯罪者的欲望。女职员遇到这种事情时，态度一定要坚决，要么喊出声，要么赶紧找人，让他打消这个念头。

再好的工作，如果你处在被侵犯的风险中，也不值得去赚那份钱，一定要用合法的方式保护自己。

你如果认为被侵犯丢人的话，说明在一定程度上你还没进入现代社会。你长得漂亮可能就有人琢磨你，没什么丢人的，丢人的是他，怎么会是你呢？

认为丢人的还是过去三从四德的观念在作祟。万喜良怎么和孟姜女好上的？

孟姜女是个大户人家的小姐，万喜良被财主追，趴在墙头上躲着，正好看见孟姜女在里边踢毽子，结果毽子落树上了，孟姜女用手去抓，半截胳膊让万喜良看见了，"看见我就是你的人了"，两人就结婚了。

这种封建思想不可取，它和你被小偷偷了、被抢劫犯抢了是一样的，他的过错怎么还成你丢人了？不要拿别人的错误来惩罚自己。

一些刚参加工作的女性，都会在职场上遇到这种问题，在中国男领导居多，不过这两年女领导骚扰男下属的案例也多起来了。

领导认为自己有权力，能够控制下属的收入、升迁等，相应的有权力就应该衍生出福利，什么福利呢？就是在"性"上能占员工一点便宜。

我曾经对我朋友的女儿说过：你记住一点，跟男孩在一起待着别超过晚上十点，如果这个男孩喝酒了就不要跟他待在一块儿。

这个道理同样适用于刚走进职场的一些新人，晚上跟客户吃饭可以，领导总是让你喝酒，你就得琢磨了，他是不是别有用心？喝完酒怎么保护自己？

比方让你的家人或朋友来接你，这是一个很有必要的措施。

大部分情况下，有些领导除了有点儿非分之想外，不见得是坏人，关键是你要怎么杜绝他的非分之想，而且还不伤和气。

比如你跟领导讲，我朋友一会儿就来接我了，让他断了这个念头。

还有就是和异性一起出差，男领导带女下属，女领导带男下属，工作时间之外领导要是叫你出去千万别去。

领导在非工作时间找你就是想解决旅途寂寞，哪怕他一开始不这么想，聊着聊着他就有这个想法了，聊天的"聊"很有可能变成撩人的"撩"，这个尺寸一定要把握好。

你不要给他机会，保护自己的前提就是断了对方的非分之想，怎么能断了非分之想还不伤和气呢？就是不给他任何机会，并且在工作上努力，表现出自己是一个正派的人，不在工作以外给他任何可乘之机，这是保护自己非常重要的一个方法。

累死累活的，老板却不给加工资，怎么办

扫码看视频

这说明什么呢？说明你的劳动并不值钱。如果你是不可替代的，而且累死累活老板还不给你加工资，你就跳槽。

为什么老板不给你加工资呢？说明你的工作是很好替代的。

举个例子，现在的木匠，很多人都以为它是低劳动力的工种。其实不是，现在城里装修的木匠很难找，一天给600块钱都没人干。

但如果你找"刮白"，那是个人就能干，抹匀就行，就像化妆一样，往脸上一涂就完事了，谁都能干。这个时候，"刮白"的劳动力价值就低，可能你跑得累死累活的，说不定别人来不用累死累活就能完成你的工作。

什么叫物以稀为贵？如果你的劳动没有技术含量，老板当然不会给你很高的工资。

当然老板不给你加工资你可以找他谈谈，没功劳还有苦劳，激起老板的同情心。他要是实在不同情，你就要努力提升自己的能力，这样老板才有可能给你涨工资。

马未都一句话就拆穿了想糊弄他的人

扫码看视频

我这几年跟马未都先生接触得比较多，他的肚囊很宽绰，对老北京这些事，尤其是收藏真是大行家。

观众们听他在《百家讲坛》讲的那些事儿，绝不仅仅是收藏行的专业知识，收藏里头有人情，有世故。

举个例子，有人找马先生说：我这儿有古旧家具，好像是老的，要不您来看看？

这行不叫真的假的，叫新的旧的，真的叫老的，假的叫新的。

东西是什么呢？是一对儿紫檀木的柜子。

到了那家之后是平房，先让他左边房间里看，一看是没错，到另一间房里一看，也对，真是老物件。一对儿和单个的可不一样，比方说单个的要 50 万元，一对儿可不是 100 万元，得 200 万元以上。

为什么？一对儿难得啊。

马未都看完就乐了，你这两个都是老的，但是我要买，也只给你

100 万元，还是一个 50 万元。

那人就急了，说这是一对儿柜子啊。

马未都就说，你这不是一对儿，高低都不一样。

那个人很诧异，说："你眼睛像尺子一样能量出来？"

马未都说不是，你要高低一样就摆一个屋了，何必费劲放到两个屋呢？

哪一行的水都挺深，而马先生干这一行能干到这个程度，他必是人情练达，火眼金睛。

为什么人们常说和气生财

民间有关"和气生财"的智慧，就是不管是贫是富一个样儿看待，买的卖的守住道儿，站柜台笑颜开，休要犯困，莫要发呆。如果能做到这样，买卖就能发财。

怎么叫和气生财呢？举个例子，有的朋友去茶馆、咖啡厅或者饭店吃饭，里头有负责招待的，过去叫店小二，现在叫服务员。

服务员能不能招揽客人，就看他能不能和气生财。比方说，我去吃饭，穿了一身唐装进到里边，店小二一看到我，需要用到一个窍门，叫见物增价。就是说，把你的东西说得好还贵。

店小二一见面就对我说：哎哟梁先生，您这唐装哪儿买的？样式这么好的，这扣儿也别致。我说：在 ×× 买的。店小二说：您多少钱买的？我告诉他 500 元。店小二立马捧我：您太会买东西了，我哥买了和您这身一样的，料还没您这好，花了 1500 元。

你说我高兴吗？当然高兴。

转天，我去另一家饭店吃饭，我还是穿这一身衣服。服务员问我哪儿买的？我说昨天在商店买的。他问我多少钱？我说花了500元。他一撇嘴，说道：这晚上夜市20块钱都没人要。

我心里肯定别扭，下次我就不愿意去了。

所以，和气生财有窍门，叫"见人减岁，见物增价"。见物增价就是看见你拿着东西，穿着戴的，就说这东西贵。

什么叫见人减岁呢？比方有人见到我了：哟，您是梁老师吧，您看您这气质，您今年三十几了？我听了就高兴。

如果他问：您孙子多大了？我听了心里肯定憋气。

所以，见人减岁和见人增价在过去对和气生财是非常重要的。艺人也都懂这个道理，管这个叫万象回春。所有的买卖，只要能把人说乐了，就保准能挣到钱。

举个例子，过去说相声，他怎么要你钱？不像现在，说好说坏先买票，进里边一看说这么次，也退不了票，就等于坑你。

过去不是，你得说完了人才给钱，人站起就走了钱就要不下来了。过去说相声的怎么要钱呢？他有一个独特的方法，这就体现了咱刚才说的和气生财，万象回春。

怎么要呢？比方说你站起要走，"这位大哥、大爷、大叔，您别走，您听我再说一段，不长，最多两分钟。我说完您要乐了，我也不要钱了，我看您带着烟，您赏我根烟抽。您要没乐，您继续走您的，我不拦您。"

被拦的也不好意思，心想：行，我听你一段吧。

说相声的给他说了两分钟，听完笑了，于是拿出一根烟来往前一递。

说相声的故意没接着，"吧嗒"烟掉地上了，说相声的捡起来，把上面的灰吹一吹：

　　"这也就是我们，掉地上捡起来擦干净还得抽，搁您这儿大老板肯定不心疼就扔了。哎哟，这还中华呢，软中华，一盒 60 元，一根得 3 块钱呢，这 3 块钱也就您了，这 3 块钱搁我们能买好几个馒头吃了。这么着吧，您也不用给我这烟了，您给我 3 块钱吧，救济救济我几天，行吗？"

　　你说人是有身份的人，谁能拉下这脸说不给就走，这时候钱就要到了，这就是中国传统的民间智慧："和气生财"。

下 篇

大咖说：特别会
说话的传媒名嘴

张春蔚：混好职场，会说和会做一样重要

职场虽不如意，也不要轻易创业

有网友提问：我对工作总是感到压抑，公司的工作环境让我备感不爽，工作方式也不是我喜欢的。一想到自己如此尴尬，不如我去创业！到底是自己去创业，还是继续这样压抑地做业务？

我们往往会把生活的不如意推给别人，觉得不顺心都是别人带给自己的，比如领导对自己不好，打卡让自己不舒服，工作量又让自己受到了限制。

其实，在职场中应该有一个三段论。

第一，先去大公司做一个小职员。为什么去大公司？因为在大公司你会知道规则是什么，严谨是什么，做事的正确方法是什么。

第二，去一家小公司做一个大职员。因为在一家小公司的话，你

可能会发现需要做更多的事，需要有更多的管理，需要替公司做更多的分担，于是就能够发现自己是不是有能力和有机会可以做更大的事。在这个阶段，如果你在一家小公司能够做一个大职员，你是有可能去创业的。因为给别人打工和给自己打工，做的可能是同样的事情。

第三，那就是回到大公司去做一个大职员。为什么回到大公司做一个大职员？因为在大的公司也能够完成更大的梦想，你可以让自己的价值得到更高的一个体现，也可以让自己拥有更大的一个空间。

在这样一个环境中，如果你觉得自己普通得不能再普通，平凡得不能再平凡，那么创业就一定能够成功吗？显然不容易，因为我们看到的创业者 99% 都是失败的。

如果你不能够搞好公司的关系，不能够搞好自己和同事之间及各种工作环境之间的关系，那意味着你在自己创立的公司也未必能够处理好人际关系，也未必能够让别人都对你服气。

所以，不是创业或不创业的问题，而在于学会如何和周围的人相处，学会向周围的环境做一定程度的妥协，让自己的工作获得更多的帮助，这样才会让自己走得更远。

如何跟老板坦诚地交流内心想法？

有网友留言：我和老板关系特别好，但是在这工作并不开心，同事总说我的风凉话，我应该怎么样谈辞职？

这不是辞不辞职的问题，而在于你怎么去平衡。

如果对方把你请过来，对你许以高薪，但是周围的人说你能力不足，那你一定要去想，老板到底图什么？他给你一份高薪，图的是你跟他之间的友谊，是觉得你可能比别人更让他放心？还是觉得要对你投桃报李？

你不要去看其他同事，因为其他同事并不是老板，不是花钱请你的人。每个人的想法和老板的想法是不一样的，在公司，你和高薪聘请你的人才是最永恒的联盟。

所以不要想别人怎么说，而要想老板请你来是为了什么？你的价值是什么？你能不能够满足他的需求，他对你是不是满意？

如果这些考量你觉得都不重要，你更想离职，那么你就把真实的想法告诉老板。因为你在这继续工作不开心，意味着他还要继续为你花钱，那么你帮他节省这部分费用，其实是帮助你们彼此。

如果对方说出了更能挽留你的理由，说明你们之间可能还有一些你不知道的东西；如果他同意了，那你的辞职其实在彼此的意料之中。所以面对辞职的选择，不是应不应该和怎样提出的问题，而是你是否理解自己的价值，以及老板对你的需求。

再者，需要一个合适的时机。这个时机不应该是在办公室，而应该是在一个相对私密的环境。

所以你有困惑不要一直在心里打腹稿，而应该多一点坦诚的交流。而且你去谈的时候，不要先说我想离职，而是说：我现在有这样的困惑，你可不可以给我一个建议？那么你的离职，可能处理起来会更加容易。

在单位被同事排挤，该怎么办？

有网友提问：我们科室的一个干事分帮分派，总是在我背后、别人面前说我，说我干活不行什么的，总是推举他的人，我该怎么办？

从这短短的几句话当中，我们能够看到这位网友确实觉得自己被挤对了，因为他没有被这位干事看重。那么这是一件好事，还是一件坏事？

不全是坏事。如果一个公司总是分门派，那就意味着竞争会很激烈。如果你是属于这位干事的门派，那么你的日子会相对好过，但是其他人呢？是不是所有的人都是这位干事带来的呢？

显然不全是。

但是在一家公司当中，老板更希望看到的是什么？他希望看到一个平衡的状态，而不是东风长西风短。

当你把自己的事儿做好，其实特别容易得到关注，因为在一家公司不是只凭关系就可以做到一切。

如果你在一家只凭关系的公司，要想去强调能力，显然这是不现实的。所以，关键在于你到底看重的是自己的能力，还是自己在关系当中如何生存。

如果你关心关系，要么你去投靠，要么你可能被其他的关系所蛊惑。所以最重要的是要做好自己，不要总是认为别人有关系。

其实，当你在心里嘀咕"关系"的时候，你会看到自己的能力正在往下走，因为你不上进了。你会想：由于没有关系，所以我不被重用；

由于没有关系，所以我没有能力；由于没有关系，所以我得不到施展。

相反，如果你不去想关系，只是关心在某件事情中自己能做到什么，能突破什么，能为公司带来什么样的一个效果，这时你会发现更多的关系向你集中。

因为所有的公司都需要做事的人，所有的公司都希望更有能力的人往前进一步。

这个问题的背后在于你没有关系的时候，你以为有关系是一切，其实不管有没有关系，大家都希望有能力的人往前冲。

年底该不该跳槽？

有网友提问：马上就到年底了，这一年很快就要过去了，现在跳槽合适吗？该不该跳槽呢？

这个问题，我觉得首先得弄清楚该不该跳槽的前提是什么。有人会说，现在跳槽就拿不到年终奖了；还有人会说，现在跳槽，我在公司是不是就走投无路了？其实我觉得越到年底越好跳槽，为什么呢？

第一，每家公司走到年底的时候，往往能够看到这家公司的未来。公司过得好与不好，公司有没有能力，有没有底气带着大家往前走，往往看一年的年末和一年的年初，所以在这个时候，它的员工招聘计划往往预示着一家公司能否良性发展。

任何时候都是跳槽的好时间，不要去想损失与否，首先要想的是这个机会好与不好。如果你更关心年终奖，其实可以把这个困惑告诉下一个用人单位，对方也许会体凉，而在其他方面对你有所弥补。

当我们说年底该不该去面试，该不该跳槽时，不如说面对好机会，你有没有判断的能力。如果你只关心多拿一点年终奖，而错过了一个很好的工作机会，这可能是用钱难以弥补的。

所以我会说面对跳槽的时间选择，不要过于拘泥自己一时是赚了还是赔了，更应关心的是自己的职业空间是不是因此拓展了，是不是获得了一个更好的发展机会。

怎样成为办公室里特别有地位的人？

有朋友说：我比较内向，平时跟同事说话很少，有时好不容易跟一位同事聊上两句，还容易被人把话给怼回去，因此很苦恼，渐渐就不想说话了，不知道怎样提升自己在同事心中的地位。

我觉得这是一个特别好的问题，对于这位朋友而言，他可能在论资排辈的职场中地位不是特别高，所以才会试图和更多的同事搞好关系。在搞好关系的过程当中，除了工作之外不知道聊点什么的时候，一般有以下几个解决办法：

首先，要记住同事的生日。给同事买个小礼物，或者给他订一个蛋糕、送一束花，我觉得这些方法是比较简单的。

其次，如果同事家里面有孩子，那送一套儿童读物，这都是特别容易能够做到的。你可以回趟老家，带一点家里面的土特产，这也能够让同事和同事之间彼此有一些亲密度。

最后，如果你很少聚餐，也不去参加那么多的集体活动，那就记住同事们的一些喜好。比如说，有的人一定要喝热水，你记住他的这个习惯，帮他倒一杯热水；有的人经常饿肚子，有的可能吃饭不规律，那你在办公室放一些小零食，以备不时之需。

从更高层面上讲，提升自己在同事心中的地位，不在于你想让别人认同你什么，而在于你能不能够跟同事进行更好的分享。你是不是非得回趟老家？其实不需要，完全可以在网上购买一些家乡的土特产品跟大家分享一下。

再比如说，如果你每次都带一些好消费的水果，效果也会很好。

什么是好消费的水果？香蕉就叫好消费，剥开就能吃；橘子，剥开就能吃，这些都是好消费的水果。如果你买的水果特别油腻，或者容易粘在手上，特别尴尬，那这些水果可能就不那么好消费了。

水果放在那，每个人都想来碰一下，可能这件事就容易成功了。所以对于每个人而言，其实可以帮大家做很多事情，一个让所有人都觉得特别有用的人在公司的地位往往特别高。

很多时候，是否重要不在于你的能力究竟能够做多大的事儿，而在于你是不是对所有人都是一个温暖的、有用的人。

一杯热水麻烦吗？不麻烦。买几个水果复杂吗？不复杂。带一份老家的土特产品费事吗？也不费事。关键在于你是否以这样的一种方式去做了。

一旦某一天没有人这样做，大家就会去想念那个同事：他会给我们倒杯热水，会给办公室拖地，会怎么怎么样……

　　有人说，那我不成了老黄牛了吗？其实那个被所有人需要的人，才是一个单位当中最重要的人。如果你想成为最重要的人，往往意味着你要付出，要有委屈，要承载别人不愿意承载的东西。

　　如果想成为一个在办公室特别有地位的人，显然就意味着你得是一个让所有人特别信任、觉得特别温暖的人。如果没有做好这个准备，你的地位可能不像别人想象的那么高。

这样的讨价还价双方都满意

扫码看视频

　　生活中，我们经常遇到讨价还价的事情，这时买卖双方都挺为难的，那怎么办呢？

　　有一位朋友留言说：电话里面谈生意的时候对方总在砍价，我自己又不想降价，用什么样的方法去谈才能够不把生意丢掉？

　　这其实是一个特别好的问题，因为我们在日常生活当中经常会碰到讨价还价，你又不可能说两个人在袖笼子里面比来比去，周围的人也听着呢。

　　如果你真的不想降价，还是有一些方法的。首先，你可以第一时间说本店概不讲价。概不讲价的核心是什么？提前告诉大家我这就是最低价。如果你自己本身存在着讨价还价的空间，那显然这个问题就会比较复杂。

　　所以第一时间告诉别人：我这儿没有讨价还价。那这个时候别人就会比较珍惜你的还价空间。比如说我们在网购时经常会遇到的是什么呢？当你说本店概不还价的时候，有的人说那我买的东西多一些，可不可以在邮费上减免一下，于是就出现了江浙沪包邮这么一个概念。

但是如果你在包邮上面都很计较，那你一定要告诉别人的是什么？我的东西很好，我的价格很高，然后我的成本更高。那在这样一种情况下讨价还价的空间就比较小，同时你得把你的运费标注得特别明晰。

但是刚刚这位朋友提到的是，在电话里面别人想降价、自己又不想调价，应该怎么办呢？既然是在电话里面，首先你可以打个哈哈。你说："您的这个意见我可以反馈一下，但是我所知道的是本公司从来不降价的。"先把对方稳住，再把自己的底线推出。

千万不要头脑一热立刻给人怼回去说："啊，不行不行，我们公司是不可以讨价还价的。"或者说："哎呀，我只能去向上面请示一下。"你一说向上面请示，别人可就等着几天以后你是不是把这个价格降下来了。

有礼有节要怎么做？别人提出一个尖锐的问题，先往后退一步，缓冲一下，然后再告诉他不可能的结果。在这样一种环境下往后退一下，既能够缓解目前的压力，同时又把底线往前推。以这样一个方式让对方明白：我会帮你做点什么，但是这个结果不会乐观。

千万不要去做老好人，把自己明知不可为的事情承担下来，最后什么问题都得不到解决。所以从更大意义上而言，好好说话，首先是好好听话。听懂别人的意思，然后表达清楚自己的意思。

当你要真诚地解决问题、解决困惑的时候，首先实际地说知道就知道，不知道就不知道，能做就能做，不能做就不能做。如果你知道不能做，但是又碍于情面把事给拖延下来，最后你可能会发现人情没做到而把人给得罪了，这是不行的。

　　说话的人一定要注意，如果你没有能力去做这一套，千万不要轻易地应承。做人首先要诚实，当你把诚恳的意见告诉别人的时候，别人也会体谅。如果你做不到，就不要轻易地答应；如果你做得到，就要诚心实意地替别人解决问题，把事情办好。

海阳：说话其实很简单

学会这几招，当众说话不再紧张

扫码看视频

　　人往往越重视一件事，越重视一个人，说话就越容易紧张。可是不紧张倒还好，一紧张就容易出错。

　　比如这句话：列车长（cháng）鸣一声，冲进了站台。当年某主持人因为紧张，就把这句话念成了：列车长（zhǎng）鸣一声冲进站台。仿佛看到了列车长满脸的问号，一旁的我非常尴尬，不知该如何化解。

　　还有描写香山美景的这句话：秋天到了，香山的枫叶红了。也是由于主持人的紧张，嘴一瓢说成了：秋天到了，香山的红叶疯了。这话听上去也在理，香山的红叶的确可能会被来看枫叶的人群逼疯。

　　有的时候说话紧张是因为准备不充分，嘴出卖了你的脑子。比如有主持人在节目中看着提词板上的"独占鳌头"，愣是读成了"独占鳖头"。

我曾经和晓艾搭档主持过一场特别节目的直播。按理来说，我的搭档应该说："观众朋友大家好，我是主持人晓艾。"可她一紧张，张口就是："观众朋友大家好，我是主持人海阳。"此刻我只能非常无奈地说："观众朋友大家好，我也是海阳。"

为了在重要场合不制造尴尬，怎样做才能化解说话的紧张感呢？

第一招——回避目光法

演讲的时候如果盯着一群人看，你会经常被他们的所作所为分散注意力。比如在台下玩手机的、拍照的，或者起来上厕所的，都影响你的思路，你的错误就容易出现。如果可能的话，在演讲的过程中，你尽量就盯一个人、两个人或几个人看，回避他们的目光。

第二招——呼吸松弛法

再大的腕上台之前都会紧张，但你的生理状态能够直接导致心理状态变化。我通常做的是用力地吸气和吐气，用松弛的呼吸来让自己整个血液循环和身体状态达到一个放松的状态，起码脑子里的氧留存空间要大一点。

第三招——自我陶醉法

某种意义上讲有点儿像阿Q精神。在做演讲或者跟别人推销你的产品的时候，你当时心里面就想，"我获得这么大的荣誉，这么大的成就，你们都是不如我的。"这就是自我陶醉法。这个浮夸程度可以适当扩充20%，演讲完之后千万别当真。

第四招——注意力转移法

当你在演讲的过程中，可能有别人对你进行提问，或者做了其他影响你思路的事情。所以你一定要转移一下注意力，再重新回到你的主要思路中。其实你演讲的时候，一定对你的逻辑非常了解。只要你将演讲内容烂熟于心，不管跑题跑到哪里去，永远会有一个思路。

第五招——语言暗示法

人们来听你演讲或听你说话的时候，都是想听听你的成功经验，想听听你在一个领域当中取得什么样的成就。所以在你给别人演讲的语言中，不但要跟他们分享，也要暗示自己要有底气。通过语言的暗示，接受大家的反馈和认可之后，你的自信心就会加强。

就我个人来讲，"自信"是在演讲和谈话过程中最重要的一点。培养当众演讲能力是一个逐渐推进的过程，一定要多多参加这样的活动，多尝试着把你自己的想法表达给别人听。

经历的场合多了，你的内心是充满自信的，并且你对自己的逻辑很了解，那么你讲出来的时候，你就有信心。

不用在意第一排第三个老大爷，是不是同意你的观点；坐在另一边的领导，到底认不认可你的说法。大爷和领导在这种场合，都把他们看作不会说话不会动的大白菜、白萝卜吧。

当然了，这些技巧都不重要，要消除紧张感，重要的是你对于演讲内容是不是有充分的准备，是不是有充分的话语权。这才是决定一切的关键。

像我这样做，你也能成为一个很幽默的人

扫码看视频

其实作为一个喜剧脱口秀的表演者，我经常会问自己这样一个问题，就是在生活里怎么成为一个非常幽默的人？

其实想成为一个幽默的人，语言技巧非常非常重要，同样的一句话，不同的人说就会产生不同的效果。比如普通的播音腔和易中天老师就不一样，如果是周星驰的配音石班瑜老师或马三立老师，风格又不一样了，还有赵四。

总之语言幽默需要有技巧、有逻辑，变换不同的方式去表达，这样才会给你的生活增添很多色彩。比如领导提拔你的时候，追女朋友的时候……如果你能学会幽默地表达，那么你就会成为一个受人欢迎的人。

李藏宇：好说坏说，就看你怎么说

一个天生结巴的国王能演讲，你也能变得会说话

我是电视台的节目主持人，由于工作原因，我会不停地和人交流、沟通。其实简单来说，就是跟人说话。

在我看来，每个人的个性不同，有些人天生内向，有些人外向，很容易和人打成一片。像我就是一个很内向的人，但我认为只要经过一定的培训，是可以增强自己的交流能力的。

说话可能有这几个层面：一是说话内容；二是表达技巧；三是心理层面的东西。我主要说一些心理方面的事情。

大家要打消心里的顾虑，不要认为自己说不好，最重要的是你要开口说。

"二战"时候，英国国王乔治六世，天生说话结巴，这对于表达来讲是很要命的一件事情。但是作为一个国王，他必须要对国民发表讲话，尤其是在"二战"期间。

虽然丘吉尔是一个非常强大的演讲家，但是也不能靠首相一个人讲，他自己也得主动振奋一下国民士气。

尤其当时德国快把整个欧洲大陆攻占了，给英国带来了极大的压力，如何凝聚整个英国国民的士气，就显得非常重要。

怎么办？这时国王就出来讲话了，他用各种方法克服了这种天生的缺陷。

其实改变口吃是非常不容易的一件事情，但可以通过技术培训来克服这个困难。当然我不是专家，不能说这些，但你要打消对于交流的疑虑，要敢于去说。或者做一个倾听者、鼓励者也行，时间久了就知道怎么表达和交流了。

学生上课总是说话该怎么办？

扫码看视频

有网友提问：我是一名初中物理老师，刚工作不久，所以不太会管学生，我三令五申说上课不能说话，可是那天上课还是有个学生找人说话。后来被我发现了，还一口咬定说自己没说话，我就让他出去站着。大家有什么应对这类问题比较好的建议吗？

我觉得，现在做一个教育工作者的确是非常难的，不像咱们小时候，老师说什么就听什么。

小时候，老师说的话就像圣旨一样，比家长说的话有时都有用。那时候，学生不听话老师还可以打人。学校是发教鞭的，一学期每位老师两根教鞭，我们隔壁班的老师把我们年级四个班八根教鞭全用完了。

他自己的用完了就借别的老师的教鞭打，后来实在没有了怎么办？他拿了一个铁锹把来，吓得同学们第二天就把铁锹把扔到窗外去了。

他是真打，不光打自己班，对别人班的学生也不手软，连我都挨过他打，学习不好打你，学习好的还要捏你的脸，可能是那个老师表达喜欢的方式比较特别吧。

但是现在不一样了，老师哪敢打学生啊，说重了都不行，可能第二天家长就来找你了。

虽然老师说的话学生可能不听，但是老师说的话家长可听了，所以现在很多老师都不找学生谈话，而是直接和家长说。

针对上面提到的问题，我有一个简单的建议，虽然我没当过老师，但是我当过学生。

是一个很简单的方法，也是我当学生时的亲身体验，我也是上课特别爱说话的人，我的老师怎么办呢？

老师讲课的时候大部分同学都是听的，只有个别同学不听，老师看到谁说话就停下来不讲课了，盯着那个人看。

那个时候大多数人都在认真听课，老师突然停下来之后大家就会顺着他的目光看过去，这样你就没法抵赖了，全班同学都看到了。

第一次老师一般也不会批评你，用这种方法警告一下就过去了。

但是，对于爱说话的人来说，通过这一次教训基本上很难改变他。第二次再犯的话，就直接把那个人叫到前面去，批评的话你可以课后单独对他进行。

这种方法有两个好处：一是他抵赖不掉，全班同学都看见了；二是解决了你批评他不听的问题，你根本不用批评，让他自己在前面反省就行了。

被领导批评了该怎么办？

扫码看视频

有网友留言：遇到被领导误会、批评的时候，一肚子委屈，是该极力争辩，还是忍气吞声，还是有别的解决办法？

在职场待久了你会发现，被领导批评受委屈这种事，是很常见的。一则领导可能没有把情况掌握得那么真切；二则可能领导今天就是不爽，需要理由把火发出去。

那面对这种情况该怎么办呢？

首先，要等领导把火发完你再解释。因为他在气头上的时候，是没有耐心听你解释的，你需要让他把心里的情绪宣泄出来。

其次，找一个单独的场合，与领导进行交流。在这个过程中，先承认自己的问题。领导发半天火，难道这里边没有你一点责任吗？

就算你没有一点责任，你也要找出一点理由，做到有则改之，无则加勉。

最后，要把事实澄清。因为很多领导发火，可能是基于一些错误的信息，一旦澄清事实，那么建立在事实之上的一些批评、偏见就不存在了。

我觉得如果领导发错火了，他自己会知道，只是没表露出来。但如果你等着领导认错，未必是好事，主动把事情说明白，才是明智之举。

切记，事情过后就不要再主动和领导或同事提起，否则等于背后传话，更危险。

同事总是喋喋不休该怎么办？

扫码看视频

有网友留言：我们办公室就两个人，另一个同事一天到晚喋喋不休地吐槽、抱怨各种事情，我该怎么免疫呢？

两个人的办公室，如果彼此沟通不畅的话，确实挺尴尬。关于同事老抱怨这种状况，有一种方法叫转移话题，就是你要争取话题的主动性。主要有两种转移方式：一种方法是要不你和他一起抱怨，说你比他还惨，做到先发制人。

另一种方法就是找共同话题，比如关于工作、运动、旅游等，当他在抱怨的时候，你可以顺势将话题转移到你们感兴趣的点上，说不定他就忘了抱怨这事了。

其实爱抱怨的人，第一可能是性格使然；第二可能是工作压力确实很大，抱怨是他发泄压力的一种方式；第三可能是策略，因为在公司待遇不错，怕招人嫉妒，通过抱怨给人一种自己也不容易的感觉。

所以，办公室里的负能量之人，未必生活真的灰暗。你要做的就是不受情绪感染，坚持正能量的表达为主。

如何处理与领导的关系？

有网友留言：我是民营企业的销售业务经理，业绩不错，和客户的关系也挺好，但唯独处理不好与领导的关系，请问该怎么办？

我以前也有这个困扰，觉得把本职工作做好就行了，不需要和领导走得太近。但后来发现，只是公事公办，没有私交，对员工的职场发展是十分不利的。

不是有那么一句话："和领导做十件好事，不如和他做一件坏事。"员工一定要让领导觉得你是自己人才行。但是怎么让领导觉得你是自己人，就需要具体问题具体分析。

比如有些人性格内向，做的是诸如程序员这种专业性强的工作，以效率为主，那么踏踏实实地做，领导是会赏识和重用你的。

如果你的工作是销售，那和领导处好关系还是很有必要的。

同事背地议论我和老板的关系怎么办？

有网友留言：我和老板以前就认识，他高薪聘我过来，可总有同

事说风凉话，让我工作不开心，请问该怎么办？

老板和你关系比较好，可能有两个原因：

第一，基于过去的交情，希望给你更好的工作环境。

第二，他也一定觉得你有工作能力，这是一个难得的机会，不要放弃。

至于被人嫉妒，除了你和老板关系好，也可能是你能力确实比别人强，所谓不招人忌是庸才，所以有人说风凉话，不见得是一件坏事。

在职场，难免会面对各式各样的办公室问题，所以对于别人的背后议论，要有一定心理准备，要学会接受。但也不能任由别人一直诽谤，时间久了，可能会给老板留下不好的印象，所以要做好应对和沟通工作。

第一，从自己身上找原因。你刚到一个新的单位，难免会需要一段时间去适应。因为现在职场考验的不只是你现有的能力，更重要的是你的学习能力。

比如你要很快地去熟悉公司的情况，去学习相关业务，努力提升自己的履职能力，用实力去回击对手，这样或许更好。

第二，要弄清楚不开心的原因，到底是因为别人议论，还是你的能力问题。前者可以不做考虑，但如果是能力上的问题，你要给自己一定的要求和压力。

这样一旦能力提升之后，你的资产和生存环境都会有所改善，很多人可能就会由开始的不理解、嫉妒，变成一种尊重。

当然，人不是万能的，如果在你经过认真思考以后，觉得这个岗位不太适合自己，可以与老板进行坦诚沟通，看能不能调到一个更加适合自己的位置。

总之，朋友作为老板给的一个非常难得的职场环境，千万别轻易放弃。但你也要用更职业的态度来回报他，不要让他为难。

如何巧妙地向领导提加薪？

扫码看视频

有网友提问：我觉得自己干的挺多的，如何和老板提加工资？

这个问题说实在的，确实有点儿头疼，我也会有这样的困扰，我觉得自己干的活儿挺多的，怎么才能提高自己的待遇呢？

首先，你的能力要得到老板的认可，这是非常关键的。不能说我自己觉得我干的很多，我自己觉得我很重要。

这可能不够，你要确实比你的同事能力超出一截，你要有超出现有工作岗位之上非常明显的工作能力和工作业绩，然后你再去考虑升职加薪这些事情。

其次，加薪涉及公平这个问题。做同样的工作，可能别人挣的比你多，那你就可以考虑和老板提加薪的问题。

最后，在某些单位大家彼此的工资是保密的，你不知道别人赚多少钱，因此也就不存在刚才说的公平加薪的问题。

总的来说，想要加薪，你的能力要得到老板的认可。而且还要不断提高自己的能力，这样即使老板很抠门不愿意给你加薪，你也可以通过跳槽获得更高的工资。

到底该不该频繁跳槽？跳槽了，该如何回答 HR 的提问？

有网友留言：我最近又有了跳槽的想法，可是到底该不该频繁跳槽，如果跳槽了，该如何回答 HR 的提问？

这个问题要分两个层面来说，要是员工一两年跳槽一次，不算很奇怪的事情，这种情况面对 HR，不要有太大顾虑，他应该能接受。但如果你是在一年或者两年之内就跳了好几次的话，你就得和 HR 解释跳槽的原因。

要搞清楚自己跳槽的原因，就要想好当你找下一个工作的时候，你的目标是什么。工作转换太频繁，对自己不利，对工作单位可能也是一件不负责任的事情。

我给大家介绍一个"一万小时定律"，也就是说，不管你做任何事情，只要能坚持做一万个小时，就会成为这个领域的专家。

那么 10000 个小时是什么概念呢？每天工作 8 个小时，一周工作 5 天，40 个小时，差不多就是 5 年时间。也就是说，如果你坚持做一件事情做 5 年，你就会成为这个领域的专家。

当然有人说，我走是因为不喜欢这个工作。在我看来，不见得每个人做的事情都是他喜欢的，但可以在工作的过程中逐渐喜欢上自己的工作。

也有些人觉得工作压力大，所以离开。其实从这个角度来说，如果你能坚持下来，成为这个领域的专家，便会得到很好的报酬和声誉，这是一个正反馈的激励过程。

但如果你是抱着尝试的心态，我建议每一件事情至少尝试半年到一年的时间，这样才能真正了解这个行业，知道自己适不适合、喜不喜欢。

总之，职业经历讲究"精""专"程度，如果每个工作做得不够深入，频繁跳槽，不见得是很好的积累。

但如果你打定主意跳槽，重新找工作时，面对 HR 问"为何离开上一家公司"，就要慎重回答了。

面对这个问题，可以有很多理由，比如薪水、行业发展、工作环境等，但你面对 HR 的时候，一定要事先想好自己的理由，最好不要瞎编。

想跳槽的朋友可以这么说：在原来的公司，我的能力得不到发挥，所以希望到一个更好的职场环境，让我能有一个更好的发挥平台。

这是一个公认的比较不错的理由。

第一，它表达了你的上进心和企图心，这个在职场中很重要。

第二，你有能力没有发挥出来，这表明你很有潜力，如果给你一个机会，你可能在这个职位上发光发热。

总之，离职是因为你个人无法改变的一些客观的外在因素，这样的表达，可以使 HR 不会怀疑你的工作能力和工作态度。

如何调整工作中的压抑情绪？

有网友留言：我是做销售工作的，但不喜欢领导的工作方式，而且在工作中总是感到压抑，想去创业，请问该怎么办？

首先，对工作感到压抑，出门没有斗志，这个状态必须要调整。如果每天都这样的话，第一，会影响你的情绪；第二，会影响你的工作业绩；第三，会影响健康。

可是怎么调整？一个是工作环境，另一个是销售工作只看业绩的问题。你要有长远目标，知道自己究竟要干什么、为谁干。

很多人都说，这个领导太讨厌了，我不想为他工作。可是在任何岗位上，你既是为领导工作，也是为企业工作，更是为自己工作。从这个角度来讲，心理可能会平衡些。

要知道，领导制定某些规则制度，并不是针对你个人，他是从整个宏观环境考虑的。这需要一个换位思考的过程，也许你是领导，也会这么做。

其次，从自己的角度来看，工作过程就是积累过程，所有让你不爽的人都是来给你上课的，都会让你变得更加强大，某种程度上你可以心存感激。

总之，工作环境不愉快、领导的工作方式不满意，一定是一个非常糟糕的创业理由，所以我不支持你因为这个理由去创业。

宋晓阳：说话要讲究方式方法

朋友被背后议论，我要如何传话才不被误解？

有网友提问：我的好朋友升职了，但同事说他有点儿膨胀，领导也说管不住他了，我到底要不要把这些话传给我朋友呢？

首先，有这种想法证明你是一个好人，因为你没有嫉妒好朋友升职，反而很操心这件事。其次，我们来看看，和朋友说这件事有什么结果。

第一种情况，你的那位朋友会感谢你，是你让他意识到了自己的问题；第二种情况，你的朋友会误解你的好心，认为你也是嫉妒他，不会领你的情。

那么不说的结果是什么呢？不说意味着面对现状，你看着自己的朋友膨胀下去，然后再次陷入到底要不要说的两难中。所以到底要不要和朋友说，需要你自己来判断、决定。

其实说到底就是传话的问题。关于传话，这里涉及一个信息消耗的问题，因为我们不是拿手机把话录下来，不可能原原本本地把话传递给其他人，总会加入自己的理解。因此，我不建议传话。

但如果你把别人说的话做一个资源整合，而不是像传声筒一样传过去，这样再和朋友说，他可能会觉得你是真心为他考虑。

总之，对待朋友一定要真诚，即使将别人的非议说给朋友听，他当时不理解，相信有朝一日他明白了自然会感谢你。

学生培优成绩没提高，怎样向家长解释？

有网友提问：我是一名课外辅导人员，最近辅导班上有个孩子成绩没考好，家长有些焦虑，这种情况下我该如何与他沟通呢？

碰到这种情况，你得明确自己的身份，你是课外辅导员，家长花钱请你提高孩子的成绩，但是成绩没提上来，这要怎么办呢？

第一，要主动和家长谈。分析一下孩子出现问题的基本情况，是不是受情绪影响，他情绪波动的点是什么。有时候可能是家庭出现的问题，从而影响到孩子。作为课外辅导员，要和家长说清楚，我是怎么来教孩子的，现在孩子是一个什么样的情况。

第二，把孩子叫来，三方一块谈。和家长怎么说，就和孩子怎么说，让孩子觉得学习不是他一个人的事，是我们三方都在严肃探讨的问题，这一点很重要。

第三，让孩子和家长谈，因为有可能是家庭内部问题，和辅导员根本没关系，给他们一个考虑的空间。

第四，要对孩子的学习能力做一个客观评估。不是所有孩子上了辅导班成绩就能突飞猛进，因为人的智力、学习能力不同。因此，对于这个问题，家长和辅导员都要做到互相理解，客观地看待问题。

当老师必须对学生有足够的耐心

扫码看视频

有网友提问：我是一名刚刚毕业的师范类学生，当了班主任，晚自习的时候学生总是说话，遇到这种情况该怎么办呢？

无论多牛的老师，在他的课堂上都会有人说话，这其实是永远解不开的一道题。

作为一个有十几年教龄的老师，我给大家分享一个经验：不要在课堂上和学生发生正面的冲突，无论你是多么有理。

为什么我会有这样的经验呢？

因为在课堂上，老师看似是一个强势的人，学生是一个弱势的人。但是，越是面对弱势的人，越是需要两个字：尊重。

为什么呢？

学生希望你能了解整个事情的原委，然后给他一个公平的结果，但是老师只是注意学生为什么在说话，你们两个关注的问题点是不一样的。

那么在这里就有一个问题，越听话的学生就越是好学生吗？

不见得，我们所有教过学生的老师都知道，当年上课不听话的学生有时候更有出息。

电梯里遇到领导该怎么说话？

有网友提问：平时上下班在电梯里遇到同事或者领导该怎么说话？

首先要明确一点，男与女、上级与下级，还有两个人的关系决定了你们说话的方式。如果是男与男遇到了，互相打招呼很正常，一个"嘿，干吗去了"就可以搞定。但如果是女和男互相遇到，说话方式就得注意一下，不要太轻佻，否则会很尴尬。

那如果是上下级遇到，情商高的领导应该先主动和下属打招呼。当然还有一点要注意，就是上级是女领导，下属是男的，这种情况下，往往男的主动一点会更好。

当然，还有一个最能作为公共谈的话题，那就是天气。它是我们所有人都能够谈的问题。比如说，"哟，今儿咋这么冷呢？你穿的可有点少""这两天这么冷，你可得多穿一点"，这样既谈到了天气，又拉近了两人之间的关系。

因为你们在谈论天气的时候，可以顺带出其他话题。总之，不同的人有不同的处理方式。

唐映红：初入职场，你要学会清零

初入职场，你要学会清零，学会主动学习、主动揽活。从学校进入职场，每个年轻人都要经历一个角色的转换和适应过程。出现不适、不知所措总体上是一种正常的境遇，很少能一踏入职场就如鱼得水的例子。

先说角色的转换，在学校，从小一到大四，一般人的 16 年求学生涯都是"学生"的角色，而中国社会的"学生"，基本上都是在被动、顺从中度过的，老师吩咐什么，学生就听话地做什么。

按理说高校应该培养学生独立、主动的人格，但是中国高校相比于国外大学，无非是高中的延续，甚至可以这么说，中国高校学生的自主程度，远远低于欧美高中的学生。

那么，进入职场最大的改变就是没有"老师"了。即便是被公司安排一个师傅，那首先也是同事。作为一名员工，在职场中所需要的是积极、主动，同事没有责任和理由一定要告诉你该做什么、不该做什么。所以，你要学会主动。

第一是主动沟通。如果你的师傅是比较内向、孤僻的性格，就更要主动与他沟通，他不置可否，你就自己做好规划，然后问他行不行。总之，适应、学习是你自己的事情，适应不了，学习不成，那你就等着被淘汰好了。

公司要给你付薪酬，又不是要你付钱学知识、长经验。所以，心态上一定要主动，沟通一定要主动。如果师傅实在是难以沟通，那你就要主动与人事部门沟通、咨询，了解你到底应该做什么、怎么做。

注意，不要轻易埋怨和指责任何人，你只想做好工作。一般来说，人事部门会想办法给你做调整，换一个师傅，或者分配具体任务。再强调一遍：不要埋怨和指责任何人，特别是不要用带有指责的口吻谈论师傅。

第二是主动学习，主动揽活。俗话说：勤快的人眼里有活，懒惰的人油瓶倒了也看不见。要学会做一个眼里有活的人，特别是作为新人，从最简单的打扫卫生、做好勤务开始。

像你师傅只喝瓶装水，嫌食堂早餐难吃干脆就不吃。你竟只做一个旁观者，而且是冷眼旁观者，换哪个师傅恐怕都不会待见你。你有没有给师傅备过饮用水？有没有给师傅备过早餐？有没有了解过师傅为什么这么高冷？你是个被动、冷眼的陌生人，师傅怎么可能在乎你？

要做好角色转变，在职场中尽快适应、成长，就必须把握这两条：主动，勤快。

第三是要学会清零。在学校你可能是好学生，老师高看你一眼；在家里可能是乖宝宝，父母宠爱你。对不起，你到职场作为一个新人什么都不是，你得把自己先清零了。

你是不是好学生、乖宝宝，跟身边的同事无关，你只有一个身份：新人。从零开始给自己攒积分，人品分、印象分、能力分、绩效分……

不知道，就主动向前辈请教；有礼貌，懂礼仪，前辈总会告诉你怎样才能更快地攒够积分。其实就这么简单：你就是一个零分的新人，开始打怪吧。

（中国传媒大学播音主持艺术学院 15 级播音专业硕士研究生隋欣益对本章节亦有贡献）

王牧笛：颠覆你以往认知的说话之道！

我的说话之道和别人不一样

扫码看视频

2007年走出北大校门的王牧笛，南下广州成了传媒人，两年后接手了郎咸平的财经访谈类栏目《财经郎眼》。有人质疑，这个初出茅庐的80后主持人能在各类商界大佬和饱腹学识的财经专家前找到立足之地吗？王牧笛在《财经郎眼》的第一期节目中确实紧张得只插上了一句话，而且只是打招呼的话。

9年后，王牧笛捧回了"中国电视十佳主持人"的奖杯，他主持的《财经郎眼》现已成为广东卫视最具标识性和收视率的品牌节目。从北大走向媒体，从"全能选手"到"金牌主持人"，脱胎于北大"演讲十佳"大赛冠军的王牧笛对说话这门艺术也越来越驾轻就熟。谈到公众表达，他认为每个人都有自己说话的门道，进了哪个门就有了哪个道，但这个门道里有没有统一的说话方法论呢？今天王牧笛将为你全面解析这套功法，掌握了以下五个关键词，也许你也能成为金牌演讲家。

第一个关键词：口语化

李敖先生是王牧笛观察到的掌握说话门道最好的人，他曾在北京大学发表了一篇著名的演讲叫《金刚怒目》，讲的是自由主义。他口语化到了极致，他说：有关自由主义，左一个学者讲讲自由主义，右一个学者谈谈自由主义，说的都不好，我认为自由主义就是你自己跟政府之间的某种姿态，这五种姿态可以用五个北京土词来表示，分别是"哏儿了""颠儿了""玩儿了""尿了""蔫儿了"。

做到口语化一是拒绝拿稿，如果你自己都记不住，凭什么你的听众就会记住呢；二是拒绝成文，口语表达有自己的气质，跟书面语的表达完全不是一个路数，但不管是哪一种表达，我们都要以舒服为重。

第二个关键词：短句子

要想实现口语化，就要多用短句子。要想实现短句子，首先是少用排比。我们从小以为排比有气势，问题是排比是最没用的修辞，徒有形式上的浮华。

其次是少用成语和形容词。所有高水平表达者很少用形容词，成语和形容词只是语言匮乏者使用。

最后是少用逗号多用句号。所谓说话的功力就在于我用 8 个字表达完一个事，你用 18 个字表达，我就比你表达得好。这不光体现在说话上，还体现在很多小说艺术上，余华的小说没有使用超过小学 5 年级文化程度上的字，大部分句子不超过 14 个字，短句子加句号，写出了一个个心碎的故事。

第三个关键词：信息量

口语化和短句子只是构成了你公众表达的外在形式，信息量非常重要。这个世界是由三种东西组成的：第一种叫理论；第二种叫知识；第三种叫信息。

这个世界上的理论特别少，推荐一本书——著名的科学哲学家托马斯·库恩的代表作《科学革命的结构》。这本书向我们描述了人类社会从亚里士多德到伽利略、托勒密，再到牛顿、爱因斯坦及之后的量子力学的变化过程，你会发现重大的理论（能改变我们社会的）就那些。

知识是以部分理论化的方式存储、记录在我们的书本当中的，它以逻辑的方式展开；而在日常生活中学到的叫信息。

李敖在清华大学的一篇演讲，叫《菩萨低眉》，他提出这样一个命题，我们都面临这样浩如烟海的信息，我们有什么不同呢？李敖说：我比你们会筛选信息，我有自己的方法论，刷选信息的能力。

所以，不光要有信息量，还要有刷选信息的能力，这种能力对表达来说非常重要。

第四个关键词：价值观

价值观是什么事情应做，什么事情不应做；什么是值得提倡的，什么是不值得提倡的。这是你表达里面的一根骨头，如果没有这根骨头，再有庞大的信息量也是一堆烂肉，有了骨架才能立起来，所以表达是要有价值观的。

每个人生活中的表达、工作上的表达都是有立场的。有一个词叫"客观公正"，但世界上没有那么多客观公正的事情，任何表达都是思想的宣泄，任何思想都是偏见，为什么说是偏见呢？你要表达它，就要把它抽象起来，抽象意味着舍弃，舍弃意味着偏离，一定会偏离这个事情本来的面目，真理是"全"，话语是"个"，每个人都在以偏概全。没有绝对的客观公正，只有鲜明的立场和独特的价值观，才能占据舆论的地位。

第五个关键词：气场

气场是一步步练出来的，只与时间相关，只与阅历相关。有人说上场怯场，不要在乎有人瞧不起你，其实压根没有人瞧你。每个人都以为自己是这个世界的中心，其实都活在自己的中心里，表达状态的提升是一个不断试错的过程。

拥有这五种感觉，让你的表达更有范儿

扫码看视频

幽默感

幽默感这事儿只对男同胞说，在表达这件事情上男的可以幽默，女的千万要慎重。有很多男的说我天生就是个呆瓜，我做不了开心果。这是对幽默认知有偏差。钱钟书当年是这样说的："幽默是别人跟着你乐，搞笑是别人看着你乐。"一字之差，千里之别。

现场感

说话讲究三分准备七分现场，如果你做的是七分准备三分现场，现场感的成色就差了点。

三分准备七分现场，根据现场的观众、现场的环境，结合上下文

关系来决定自己的表达状态。

举个例子，有一年央视"青歌赛"的新闻发布会在梅地亚中心的老中央电视台召开，董卿的工作是介绍金铁霖（音乐家）、余秋雨（作家）等评委的作品等，那天现场大屏幕坏了，没有任何信息，连手卡都没有，董卿就在这种情况下，如数家珍地介绍了前排所有嘉宾，因为她提前准备了所有资料，有极强的现场感。

对于中央级别的媒体来说，有非常多的规定动作，将规定动作掌握得滚瓜烂熟之后，自然可以根据现场的任何突发状况来抖机灵。可是我们很多表达小白，是规定动作还没做好，就想先做自选动作。

逻辑感

真正的逻辑关系就是因果关系，有因就有果，有果就有因，因为什么所以什么、之所以……是因为，这种标准的、有力量的句式构成我们语言表达的逻辑。想让自己表达有逻辑，就要经过一部分社会哲学的训练，让表达有逻辑才能让自己的表达有力量。

专业感

专业取决于人类知识的分科，人类知识出现分化是近代以来的事情。近代以来由于社会分工，导致了理工和文科，从学科研究角度讲，理工和文科其实没多大区别，只是研究的领域不同。

为什么会说专业感？在表达领域上一定要让自己成为某个学科、某个知识范畴的专家，成为这个专家可以举一反三。

没有学过经济学，为什么能做财经主持人？因为可以根据自己接受的严格学科训练去推演经济学。表达，请基于自己的专业。如果你不够专业，你的表达就很"伪"。

所以尽可能不要让自己假专业，尽可能让自己变得专业起来或者部分专业起来。

专业就是让自己在一门学问上有所精进，这构成了你表达最坚实的基础。公众人物大多在某个领域都有扎实的基础。

分寸感

在公众场合或者在媒体场合，让自己的表达有节制、有分寸，这个非常重要。2008年金融海啸，李嘉诚率先停掉了和记黄埔的所有项目，很多人不理解，后来才发现人家做得很对。

一个卓越的企业家，是既知道进攻又知道防守的。口才表达在进攻有余的同时，如何让自己的表达具有防御性，或者具有伸缩性，就是有台阶下。不要把话说得过于刚强、说太满。所以分寸感同样构成了表达的一个金灿灿的标签。

表达的门道是口语化、短句子、信息量、价值观、气场这五种方法，加幽默感、现场感、逻辑感、专业感、分寸感这五种感觉，希望你在生活中活学活用。

吴学兰：职场上的 "特别会说话"

招待客户？你要这么做

有网友留言：老板让我买点吃的招待客户，光顾着省钱讨好了老板，客户觉得抠门；不计成本客户吃得开心，老板可能有意见。该怎么做才能让客户、老板都开心？

换个角度想一想，老板让你去买吃的，并不一定是买回来现在就吃！每个地方都有土特产，而且土特产的价格不会特别高，你就买一些土特产，也可以稍微买点吃的，现场边聊边吃。然后，让客户带着你们地方的土特产回去。

就算现场吃的东西不多，但是客户会想：我有东西可以带回家给老婆、孩子吃，给朋友分享，他的情绪也会好。

老板看着土特产，什么周庄的烧饼、锅盔，总共花不了几个钱，还让客户记住了你们这个地方，记住了你们公司，"何乐而不为"呢？

当然，如果当地的特产确实太贵了，那就想点别的办法。

比如，你们公司定期做些不那么贵的、有实用价值的小纪念品，那种特别虚、还死沉的让客户带着不方便，没到车站就给扔了。有点实用的、不那么贵的、有公司 logo 的东西，第一花费不高，你们老板高兴；第二客户觉得还挺有意思。

如何得体回应顾客的抱怨？

有网友留言：我家开火锅店，做生意不能得罪客人。但是有时候客人说的话，真不知道该怎么接，又不能怼回去，我该怎么办？

对于顾客当然不能怼回去了，客户是上帝。

比如客人结账时一直嚷嚷太贵了，实际上是已经优惠过了的，开店也得考虑成本。这时候该怎么办呢？那就微笑。无论客户说什么，你就笑着——伸手不打笑脸人。

有时候客户吃饱了之后就有点儿嘴欠，并不是觉得你这个菜真的特别贵消费不起，他吃也吃了，就是随口这么叨叨着。你就说："好好好，下次我给您打个折。"或者当场打一个折。

如果菜的成本和利润比例相对固定，你就笑着说："您下次再来的时候，我一定给您打打折。您下次再带朋友来，我给您招待水果，您特别有面子不是？"

其实客户跟你说再打点折什么的，真的就是随口一说，谁不知道食品安全是最重要的？你的东西好吃，要是真的特别便宜，他可能还怀疑为什么这家店这么便宜，反而不敢吃了。

所以，他要说就让他说去，你且听着。记住，一定要笑，因为这是让客户最高兴的一件事。

在职场，身上应该长点刺

有网友留言：我在一家医院上班两年了都好好的，有一天当着主任和一些同事的面说要考研，结果有两个女同事经常拿这件事在大家面前说我闲话，我该怎么为自己说话？

既然你已经跟主任说了考研这事，那么在你们医院，考研就不是一件具有毁灭性后果的事。

并不是谁要有一颗考研的心，谁要有一颗上进的心，医院就会对你产生一些不好的印象，甚至会惩罚你，否则你就不敢当着主任的面说了。

既然没有这么严重的后果，处理起来就放轻松些。下次这两个嘴欠的女同事如果再当着其他人说你的话，你就说："我确实有过考研的念头。"

如果你不想让更多的人知道这事，就说："我确实有过考研的念头，但是挺难的，就放弃了。在这踏踏实实干吧，你看咱们医院不是挺好的吗？我就一平常人，就在这老老实实地干了。"你这么说了，她们还有心来说你吗？

　　或者你可以更刁钻一点儿，可以损一点儿，你就说："对呀，我是想考研。但是你俩好像特别关心啊，我听好多人都跟我说了你们老是打听我考研的事，你们也想考研吗？那要不要我帮你们介绍一个考研辅导老师？咱们一起考。要不我跟主任说你们也想考，咱们一起搞一个业余的培训班？"

　　这么说完，她们就觉得：原来说你的事，甚至在背后嘀咕你的事，已经有人传给你了，并且要把你给惹急了，你可能还会把这事告到主任那里去。

　　人要身上长点刺，就像小刺猬似的，旁边的人就不想或者不敢轻易惹你了。

　　记住，你要是不想让更多的人知道，两个办法：第一，你就说放弃念头了；第二，你就说："我就是要考怎么着，你们跟我一起考吗？"把她们的话给怼回去。

怎么与脾气暴躁的领导沟通？

　　有网友留言：我的领导脾气特别暴躁，平时好好和他说话、和他汇报情况、和他解释，他根本不听，这样的领导，怎么和他沟通呢？

　　怎么沟通？特别简单，四个字：文字沟通。

　　因为说实话这种领导，他就是一种倾诉欲极强的人，你跟他说很多，就算他当时没骂你，他也没有听进去，所以你进行的是一种无效沟通。

但是在实际工作中，有些事情咱们必须跟领导沟通，所以当他真的听不进去，或者由于你要多说话，很可能招致挨骂的时候，就少说几句吧，说话特别耗气。

沟通是必不可少的，你对上级的工作汇报，你对上级该有的尊重，一个都不能少，所以最好的方式是文字沟通。

你也别写长篇大论，这么一个脾气暴躁的领导，他没有耐心看。但是他布置给你的事情，你要言简意赅地列在纸上，这样给他的感觉就是：这人水平确实挺高，不仅把事办好了，文字能力还挺强，让我一目了然！

再有一点，脾气暴躁的人往往忘性特别大，你好好地办了事，汇报了半天，结果他全忘了，你不是白干了吗？

文字沟通既可以避免和脾气比较暴躁的领导直接打交道，也能够让你把事情踏踏实实地落实在纸上，绝对是个妙招。

如何应对职场的"八卦"之人

有网友留言：我们单位有很多人喜欢问工作上不方便回答的事，或者一些个人隐私，请问我该如何应对？

对这些特别八卦的人，问你家什么背景、你和领导什么关系，你一定要扮神秘，让他们感觉到你和领导关系不一般，你们家特别有背景，吊着他们的神经，可能他们就不敢再追问你了。

因为你不是和领导关系好吗，他们再追问下去，说不定你在领导那说一句话，他们可能就下岗了。有的时候，可能你一个冷峻的眼神，都让他们觉得气场特别强大，周边一定有很多力量在支持着你，所以，你就要有一些神秘感。

其实谁都不愿意这么累，但是生活里真的有一些特别八卦的人，就爱打听，也做不出什么对你有益的事，所以保持一种神秘感，让他们对你有一种敬畏之心。

因为你跟他们说多了，他们可能会认为，你好像也没什么背景嘛，以后可以欺负你；你要是说得不好，他们会觉得你怎么这么傲。所以，保持神秘感，让人不敢轻易对你下判断，就更不敢把你不想说的事往外传。

用神秘感吓退那些八卦之人，这是我一直以来的为人之道！另外，比如你们在一个群里，在大家都发心灵鸡汤的时候，你就发一点职场的小贴士，让这些人知道打听职场中的事、打听隐私，是特别丢人的行为，以后他们多少也能收敛点。

工作做得好反招嫉妒，怎么办？

有网友留言：我工作做得不错，领导对我的评价也挺高，但却遭到同事嫉妒，很苦恼，我该怎么办？

首先，为了不让同事嫉妒，而让领导把分打低，这样做没什么用。即使你分低了，奖金少了，大家该嫉妒你还是嫉妒你。

要堵住别人的嘴，千万不可以从降低自身的条件做起，这是适得其反的。不过可以在说话上改进一下。

如果嫉妒你的同事比你年长，可以嘴甜点，别张姐、王姐硬邦邦地叫，可以叫琳达姐姐、志强哥哥，这样大家的距离就近一点。当别人给你一些帮助的时候，也别简单地就说"谢谢"两字，太干练了，效果不好。谢谢 ×× 姐姐、谢谢 ×× 哥哥，在后面加上称呼，目标性就很强，也能给对方一种"你很认真"的感觉。

除了说话的方面外，也可以从做事的方面努力。比如拿老板多给的年终奖，给办公室买点小零食，哪怕是几袋速溶咖啡。到下午大家都累的时候，请大家吃吃东西、喝喝咖啡，也挺好。

所以，从说话、做事方面调整自己，很有必要。但记住一点，花钱给大家买小零食可以，可不要花特别多的钱，比如请大家吃大餐，难免会被心理阴暗的人误会，点到为止最好。

同事喜欢插话，我该怎么沟通？

有网友留言：我一个同事总是不等别人把话说完就插话，而且经常答非所问，请问如何和这种人沟通？

第一，和这种人说话要干练，就是直接把话说完，哪怕你觉得自己有点儿不礼貌，因为你得强行让对方掌握你话里的核心点。

第二，如果和同事语言沟通没有可行性的话，可以用微信，但不要用语音，文字沟通即可。

一来起到了沟通的作用，二来可以当作沟通的证据。万一哪天领导说，你怎么没跟前辈沟通好，你就可以把文字记录给领导看，给自己做个证明。

第三，可以和同事撒娇，你跟她关系近了，她对你的包容度就强了，耐心也会增加。同时你可以表现出一些崇拜，用一种特别柔和的方式进行沟通，反而比正式沟通效果好。

当然如果在公开、正式的场合，还是要公对公，但是私下完全可以通过一种柔和的方式把两个人的关系变得更亲密一些。

艺婕：掌握说"不"的学问

内向的人在职场应该怎么生存？

扫码看视频

　　有一位网友提问说他比较内向，在国企工作，平时跟同事的话特别少。他们办公室有六个人，除了工作上的机会之外，很难融入这个圈子。他觉得自己在同事中很没有地位，非常苦恼，想问我们如何提高他在同事中的地位。

　　其实，现在在职场上想提升地位靠才华已经不太现实了。因为现在社会你才华越高就越容易遭到别人的嫉妒，当然也有那些真诚的社会强者会认可你的地位，接受你的才华。

　　现在很多人弄混了一个概念，就是把同事和朋友混为一谈。我认为朋友是朋友，同事是同事，因为同事之间存在着或多或少的竞争关系。当我们遇到利益争端的时候是没法平和地去做朋友的，所以我建议你在职场之外找和你个性比较搭的朋友，至于职场之内的同事，能变成朋友更好，如果不能也不要去强求。

如果你想融入同事的圈子，我建议你做一个倾听者，尤其当你不擅长语言表达时。

你也可以学着赞美这些同事，比如赞美女同事的衣着、男同事的才华。

其实在同事中地位高不高并没有很大的关系，努力工作，让你的工作能力得到大家的认可，为什么非要争一个地位的高与低呢？

在职场中我也不太建议你和同事成为真正的朋友，大家能够和谐相处、更好地工作，这可能是一种最佳的选择。

作为一个内向的人我建议你提高自身的能力，你可以多读读书从而使自己成长，而不是强迫自己去做不擅长的事。

被别人挑衅的时候一定要这么做！

扫码看视频

有网友提问：当我与人争辩或者被挑衅的时候，脑子总是一片空白，什么话都说不出来。但是时机一过，自己头脑里各种论据立马浮现，这种情况该怎么办？

我也是这样一个人，我觉得不会与人当面发生激烈冲突和矛盾的人，一般有善良的特质。当然，事情一过，我们大脑里立刻充满了各种回怼他们的想法，但已于事无补。

难道我们再去找他争论一番吗？没有这个必要，这时候，我一般都会释然地笑笑，觉得自己好无聊。

其实这样的情况非常普遍，科学上有一种这样的解释：如果过强的情绪刺激超过了大脑神经细胞兴奋的限度，大脑皮层的暂时神经联系会中断，大脑皮层处于抑制状态，就无法有效地工作，也就是无法争辩，这是一种正常现象，被称为"现实脱离感"。

所以不必太担心，很多人都有这种情况，有时是半分钟、一分钟，有时几分钟就恢复了。

如果硬要找一个解决办法，可以试着和身边人一起争论某个话题，多去讨论，让自己进入某种紧张的状态，练习自己的语言表达能力。但随时让自己处于争辩或者讨论的状态，真的有必要吗？

偶尔被挑衅，忍忍就可以过去了。我觉得最重要的是，应该尽量避免让自己常常处于这样一个尴尬的境地，让生活平静、安稳些，不是更好吗？

过年回家如何和七大姑八大姨拉家常？

扫码看视频

有网友提问：我平时在外工作，过年回到家不知道怎么跟亲戚交流，不知道怎么搭话，也不知道怎么客套和寒暄，该怎么办呢？

其实，我觉得这个问题的根源是你没有把亲戚当回事，他们对你来说没有用。他们没有像你在职场上遇到的那些人对你有价值，有意义。

我觉得这个问题要这样解决，首先你要和你的亲戚走心，你要愿意和你的亲戚分享你的经历。

具体来说有两种方法：

第一就是亲情法，你可以跟你的这些亲戚聊一些你小时候在他们家的趣事，或者跟亲戚家的孩子一起成长过程中的趣事。

拿我来说，因为我一直在北京生活，只有过年那几天才能回家。比如说遇到我二娘，我就会问："二娘，今年您过得怎么样啊？"二娘就会说过的怎么样，我就会顺着这个跟她聊下去。

亲戚聊天一定要用接地气的家常话，就讲一些他们身边的事情，让他们慢慢进入状态，你就能够脱身了。

比如我奶奶会养一些鸡啊、猪啊、鸽子等，那我就可以和她聊："奶奶你养了多少只鸽子？今年鸽子养得怎么样？"

你可以装作特别感兴趣地问一些他们能回答上来的问题，跟亲戚聊天你是晚辈，嘴甜一点儿，话暖心一点儿。

他们又不是你的领导，对你的职业生涯也没什么影响，有什么害怕的呢？跟亲戚聊得暖心一点，这个年就会过得特别开心。

当然你也可以问问亲戚这一年的日子过得怎么样，或者给他们讲讲你在外生活如何。

第二种方法我称为模拟法，把你的亲戚当成职场上的领导去排位，比如说你爸妈是董事长，你舅舅可以是你最重要的客户，平常你怎么跟你的客户说话那你就怎么跟你舅舅说话。把你最讨厌的亲戚当作你的顶头上司去对待，毕恭毕敬地说一些客套的话。

对一些比较远的亲戚你可以把他当作人力资源上的领导，不经常联系，但是这些人千万不能得罪。

其实大过年的跟亲戚热热闹闹地说一些家长里短的事挺好的，不要拒绝跟他们交流，敞开心扉和他们过一个快快乐乐的年。

为什么我们总是对家人毒舌？

有网友提问：我对家人很毒舌，对外人却非常谦卑，这个该如何调节？

你对家人的毒舌和不耐烦，是因为你觉得对亲近的人即使态度恶劣一点也会被原谅，你觉得无论如何家人都不会抛弃你，所以你可以心安理得、随心所欲地对他们毒舌。

如果他们是外人，尤其是你的上司之类的，你敢对他们毒舌吗？

今天我给大家分享一个小故事。有一个父亲 75 岁了，有一天窗外飞来一只麻雀。他就问，这是什么呀？他儿子说是麻雀。过了一会儿，父亲又问，这是什么呀？儿子说，都说了是麻雀了。

过了一会儿，窗外又飞来一只麻雀。父亲问，这是什么呀？这时候儿子吼起来了，都给你说了多少遍了，你还不知道吗？

这就是很多时候我们对待父母的态度，但是小时候父母是怎么对我们的呢？不用说都明白吧，所以换位思考真的很重要。

没对象、没工作的年轻人回家过年
如何面对亲戚的逼问？

扫码看视频

有网友提问：又要过年了，没有对象、没有工作，该怎么给亲戚拜年呢？

通过这个问题可以看出你不太自信，你觉得在亲戚面前你必须有对象、有工作才能证明自己的能力。其实我有一个主意你可以听听，你去给亲戚拜年的时候就实话实说。

比如你去给某个亲戚拜年，你就对他说，过去的一年我既没找到工作，又没找到对象，但我还是要来给您拜年，祝您狗年行大运，财运滚滚来。

我想你这位亲戚肯定会说，年轻人不要着急，慢慢来，该有的都会有的，你没有工作和对象没关系，你来给我拜年我就很开心了。其实，年轻人没对象是一件挺正常的事情。

亲戚之间最重要的是亲情的维系，当你给亲戚拜完年之后，说不定真的有人帮你找工作、给你介绍对象。

所以说，实话实说也不失为一种很实用的说话技巧。

如何拒绝亲戚借钱?

扫码看视频

有网友提问: 自己媳妇的娘家人收入不多, 但花钱总是大手大脚, 平时缺钱就找我要, 说不借伤感情, 借吧时间长了自己也扛不住, 我该怎么表达不想出钱的意思呢?

我觉得在这件事上应了我们中国的那句古话: 帮急不帮穷。还有一句古话是: 升米恩, 斗米仇。

就是说当别人遇到紧急情况的时候你可以用钱去帮他, 给他救急, 但是当你一而再, 再而三地帮他, 等到你不帮的时候他对你没有感激, 只有恨。

对于你提的这个问题该怎么办呢?

我的建议是, 当他再找你要钱的时候, 你就直接拒绝, 我家里也有一家人要养, 我的压力也很大, 我没有多余的钱。

当你直接拒绝他的时候会有两种结果: 一种就是你媳妇来找你, 说你怎么能不帮助我的家人?

还有一种结果就是, 你媳妇的娘家人给周围人到处说我女儿找了个白眼狼, 有钱都不帮我们。

这样的结果会对你的生活造成什么影响呢? 你媳妇会和你离婚吗? 你媳妇的娘家人会让她和你离婚吗? 不会的。

如何坚决对性侵说不？

我认为性侵分为四种：

第一种是语言骚扰，面对面地对你说一些内容和性相关的话语，或者通过微信、微博发送有关性的内容。

第二种是肢体骚扰，故意碰你或者靠近你，比如把手搭在你的肩膀上，或者把手放在你的腰上，很多时候可能有人没意识到这其实是一种骚扰。

第三种是设计陷阱，他会用一个圈套或者借口让你去一个地方，然后实施侵害。

第四种是威胁恐吓，这是最恶劣的一种行为，你不满足我的性要求，我就不给你应得的东西。

那我们如何对这四种性侵方式说不呢？

如果是面对面的语言骚扰我们可以直接起身离开，如果是通过微信、微博发送，我们可以直接拉黑。要是他换个号再骚扰你，你可以直接截图发到朋友圈曝光他，这也是一种手段。

遇到肢体上的骚扰要坚决地躲开。在面对所有的性侵行为时，你的态度一定要是坚决地反对。

我朋友就曾经遇到过她的领导给她设计陷阱。有一天她的领导叫她去家里，领导给出的理由是，"你父母当时给我的钱，我不能要，我把它还给你"。

她去领导家遭遇到了什么呢？

领导把她逼迫到了床上，甚至已经开始动手解她牛仔裤的扣子了，她后来遇到我的第一句话就是"老娘以后一定要给裤子系腰带"。

面对这样的陷阱一定要学会识别并且避免落入陷阱，比如领导说他家需要做清洁让你去，你可以找个保洁阿姨去帮领导打扫。

想要避免遭到性侵，就一定要避免单独和一个人在一个陌生的空间相处。

还有一点就是威胁恐吓。面对威胁恐吓，无论他能给你多大的利益诱惑，你一定要坚决拒绝，让他有多远滚多远。当你态度足够坚决的时候，很多心虚的坏人就会离你远一点。

当然，女性在日常生活中一定要坦坦荡荡，说话要掷地有声，不要给别人留下唯唯诺诺的印象，也不要和别人乱搞暧昧。

工作不顺心应该辞职创业吗？

扫码看视频

有网友提问：我是一个非常平凡的人，对于工作感到非常压抑，每天出门都没有斗志，工作环境也让我不爽，我是应该离开自己创业呢，还是继续工作？

首先我想说的是，世界上没有轻松的工作，而且你也说了，你是一个非常平凡的人，如果你不努力、不上进，你有什么出头之日呢？

你说自己压抑，没有斗志，说白了就是对自己不满意。如果你是自信的，对自己是满意的，那你对周围的人和环境也会是满意的。

回到问题本身，首先你要释放自己的内心，让自己接受一些美好的东西。比如每天出门前照一下镜子，整理整理自己的衣服，同时给自己一些积极的心理暗示。

其次，创业的风险和压力要比你给别人打工大得多，不是每个人都适合创业的。

你说你觉得每天的工作没意思，可能你觉得你是在为领导工作，这是不对的，你是在为你自己工作，是为了将来能有一个更好的发展。

难道你打算在这个岗位上待一辈子吗？当然不是，你要在这个公司里创造属于你的价值，为你的未来创造更大的升职空间。不要觉得工作是为了领导，每天的工作一定是为了你自己。

实习的时候没有工资还应该干下去吗？

扫码看视频

实习是正式工作前的一种磨砺，可以按三个转换一个本领来讲。三个转换是什么呢？

第一个是学校到社会的转换，之前在学校是和社会脱节的，实习是从学校过渡到社会的一个桥梁。

第二个是学生到职员的转换，你的身份发生了一个很大的转变。

第三个是你专业技能的一些转换，如何将你在学校学到的一些理论知识运用到工作中去。

还有一个本领是什么？你实习到底是为了什么？你是为了学到真本事呢？还是为了挣钱呢？

挣钱是你未来面临的一个问题，当你实习完了之后真正找到了自己想要的工作，那你就要开始挣钱了。

我之前在央视也实习过，去了就是端茶、倒水、擦地，我都欣然接受了，为什么呢？

因为你来了这个地方，首先你要让别人了解你是一个勤劳、能吃苦的人，这样别人才会对你委以重任。

一个人去实习不光是业务能力的事情，更多是对自己综合能力的一种锻炼，对成长来说也是非常重要的。

接受那些你认为的不公平，年轻人多做一些苦力活，从而得到能力的提升。在实习阶段不要在意工资的多与少，努力做好自己的工作，去学习本领，给未来创造一个更广阔的天地。

孩子犯了错误之后，父母一定要控制情绪！

扫码看视频

有网友提问：孩子犯了错误，应该怎么教育呢？

首先我来给大家讲个故事。一个单亲爸爸和一个小孩生活在一起，有一天爸爸下班很晚才回到家，这个时候孩子已经睡着了。

但是孩子把被子蹬开了，于是爸爸就去给他盖被子，当他拉被子的时候发现在被子下面居然有一碗泡面，泡面汤都撒在了床上。

这时候劳累了一天的父亲非常愤怒，把孩子从床上提了起来，大声地指责他："你到底怎么回事？谁让你把泡面放在床上的，现在泡面撒在床上我们怎么睡觉？"

那个时候孩子其实是睡蒙的状态，被父亲突然叫起来完全不知道是怎么回事。

愤怒的父亲先后吼了三遍，孩子一直低头哭，然后跟爸爸说："你下班回家太晚了，我担心你饿，于是我就把泡面泡好等着你，可是你一直不回来，我担心泡面会凉，所以我就把泡面盖在了被子下面，这样就不会凉了。"

父亲在听完孩子的解释后拥抱了自己的孩子，也向孩子道了歉。

其实孩子在成长过程中会犯非常非常多的错误，当孩子犯错误的时候我们首先要做的就是拥抱孩子。

这个时候千万不要指责他，因为当孩子犯错误的时候，他内心的恐惧和害怕远远超过我们家长的想象。

等你给了孩子足够的安全感，你再去问他这件事是怎么发生的。

我相信当孩子获得了足够的安全感时，他就会如实告诉你为什么会发生这样的事情。

当你知道事情的原委之后你可以告诉他一些方法，下次不再犯同样的错误。

父母想要做到这一点最重要的是控制自己的情绪，有一件事情可能很多父母都很难接受，就是孩子把你心爱的东西弄坏了。

比如我家孩子就经常拿我的口红在地上画画，他见到我的第一反应是："妈妈，你看我画得漂亮吗？"

但我内心只有愤怒，我当时的做法是转身离开，让自己的情绪冷静下来。

　　等心情平静之后，我会告诉他你这么做妈妈非常生气，因为它是妈妈的口红，不是你的画笔，如果你真的想画画的话，可以用妈妈给你买的各种各样的画笔来画。

　　我前两天在朋友圈看到了这样一个故事：

　　一个孩子犯了错误，爸爸用剪刀剪碎了他心爱的玩具，爸爸一边剪一边问他："你错了吗？"

　　"我错了。"

　　"你知道错在哪儿了吗？"

　　"知道了。"

　　"那你以后能不犯错了吗？"

　　"我可以不犯错。"

　　"那你怎么避免心爱的玩具不被剪碎呢？"

　　"我用一个大石头把你手里的剪刀砸坏，我的玩具就不会被剪碎了。"

　　其实，很多时候我们教育孩子用一些暴力的方法并不好，这样会让我们的孩子变得更加暴力。对于孩子的教育要有耐心，家长要控制自己的情绪，最最重要的是父母要用心真诚地告诉孩子你是爱他的，不管孩子犯了什么样的错误你都不会不要他，也不会抛弃他。孩子也会高兴地改正错误，更加信赖你。

世界上 99% 的人都不会拒绝别人，如何成为那 1% 呢？

我先拿自己举个例子吧，有一天我从北大放学回家，在路上一个同学问我，你老公拍纪录片和拍广告挣多少钱呀？

其实，对于经济类的问题我一般是不太愿意去回答的。我当时就说，他给台里拍的东西并不贵，很便宜的，他的广告是 60 秒、15 秒、5 秒一组，但具体多少钱我并不是很清楚。

我选择了这个问题里我最愿意回答和能回答的部分进行回答。当你面对不想回答的问题时，你就可以把里面能回答、想回答的告诉他。

如果你真的不想回答又不太好拒绝的时候，可以装聋作哑，用"天知道""这个很难说"等话语去回答。

比如过年的时候你被七大姑八大姨催婚，这时候你可以悠悠地来一句"天知道，说不定还没出生呢"。

和伴侣争吵之后该如何和解？

首先我说的伴侣是结婚之后的伴侣，并不是青春期那种爱情的伴

侣。其实在青春期情窦初开的时候不用听我下面的这些建议，因为年轻的爱情真的需要去经历、去感受、去猜测、去吵架，甚至是去哭、去闹，去感受爱情的这份痛苦和欢乐。

这个阶段的爱情不要用方法，就用一颗勇敢的、有爱的心去体验，这样当你到了一定的年纪，那时候青春、懵懂的爱情会给你留下非常美好的回忆。

我今天说的主要是在婚姻中伴侣之间的吵架。其实在婚姻中，夫妻之间的感性交流会少一些，可能占到生活的 30% 就足够了，而理性要占到 70%，这样才会让夫妻之间的生活更加幸福一些。

我有两个朋友经常吵架，吵架的唯一原因就是在孩子的教育问题上没有形成统一的意见。

其实有些问题非常简单，比如男的认为孩子应该在地上玩、在沙滩上玩，在各种地方敞开了跑。女的就认为很多地方很不干净，孩子容易感染细菌。

有一次他们出去玩，孩子在那儿撒欢跑的时候特别开心，但是摔倒了身上全是土，这时候女的就指责男的："我告诉你这里很脏，你是不是有病，非要让孩子在这里玩？"

男的就反驳说："你才有病，天天神经兮兮怕这怕那的。"两个人随即进入冷战，妻子抱起孩子就走了，丈夫傻站在那里。

夫妻之间有矛盾真的太正常了，两个不同家庭环境成长起来的人，组成了同一个家庭，这种情况下有争吵在所难免。

但是吵架后的处理方式真的非常重要，这个处理方式关系到你们两个以后的情感生活是否幸福。

比如说吵完架不要超过 24 小时，中间可以冷静，但一定不要长时间的冷战。因为冷战会让你们的感情进入一种冷暴力的状态，你们的情感就很难像以前那么幸福快乐了。

我和我老公在生活中也会有一些小矛盾，我的做法是当天发生的事情一定要在睡觉之前解决。

其实很多时候男人并不知道女人为什么不高兴，男人能理解女人就理解，理解不了就接受，你唯一可以做的就是认真听她说，主动认错，这时候你们之间的关系就会融洽很多。

争吵的时候女性的态度是至关重要的，如果女性一直是不原谅的态度，你们的关系是很难缓和的。

曾经看过这样一个故事：老公出差回来，妻子说家里的空调坏了，老公二话不说就开始修空调，可是怎么修都修不好。

然后他就对妻子发火："我才出去几天你就把空调弄坏了，你是不是在找事？"

妻子微笑着说："我知道你修不好才着急，不用着急，我们可以找专业人员来修，你又不是专门修这个的，修不好很正常。"

丈夫发觉自己的态度不对，就对妻子说："是我太着急了，我不应该冲你发火。"

这个妻子真的很聪明，用语言完全化解了一场即将到来的争吵。所以说，夫妻之间的包容是非常重要的。

如何委婉地指出另一半的缺点？

扫码看视频

我的一个朋友，她老公结婚之前在外面特别干净、清爽，家里也收拾得非常干净。

可是结婚以后她老公有一个毛病，我朋友非常接受不了，那就是在家无论看电视还是玩电脑都喜欢抠脚，不管洗没洗，我朋友看到这一幕火莫名其妙就上来了。

其实小时候我爸就这样，但是我妈好像没怎么在意这件事，他们也在一起过了三十多年。

当然，如果你真的接受不了这件事情，你可以跟他沟通，但是沟通的时候一定要有技巧。

千万不要一上来就指责他，因为这样是会伤害他的自尊的。

我的建议是当你们两人洗澡或者泡温泉的时候，你可以半开玩笑地说："老公，你总是抠脚是因为你的脚很香吗？"

这个时候他身心相对放松，而且你们处在一种亲密接触的状态，他就不会产生很大的抗拒感。

或者你可以这么说："我发现你的脚非常好看，你不要总是抠它，抠它就变丑了。"我相信聪明的人都会明白你是什么意思。

切记，夫妻之间沟通，尤其是在指出对方缺点的时候，一定不要带着情绪上的不满去指责。因为每个人都希望自己在对方眼中是完美的，你一味地指责只会让他自卑。

所以，生活中可以多夸夸你的伴侣，让他有安全感，这个时候你再提出一些建议也是很容易被他接受的。

每个人都希望在爱的人心中有一个完美的形象，为了这个形象，大多数人都是愿意去改变自己的。

这几种人都特别不会说话，看看你是不是其中之一

扫码看视频

我们先来说个例子，女朋友在单位受到了领导的批评，内心非常难过，她回到家希望得到男友的安慰。

当她把这件事告诉男友之后，她男友却说："你委屈什么？你领导批评的太对了，我要是他，我也被你气得半死。"

她就觉得男友像是她的敌人一样，没有办法让她内心更舒服。

我还在知乎上看过这样一个例子，一个男生追求一个他非常喜欢的女生，有一天女生生病了，他觉得自己的机会来了，就买了药和水果拿过去。

当女生看到的时候非常感动，她说："谢谢你。"不过又觉得心里过意不去，又说，"要不我把钱给你吧？"

男生非常潇洒地说："没事，我全当喂狗了。"

这个女生还算有礼貌，当时只是尴尬地笑了笑，没有把他轰出去，不过这个男生追到这个女生的可能性真的不大了。

其实，我们在聊天的时候首先不能有太多优越感。记得看过一个

小品，有一句台词是"很高兴为您服务"，但是后面接的一句话是"您高兴得太早了吧"。

还有很多人爱说"你这个算什么，我之前见过的、吃过的都比你的要好"，这种人在生活中真的很难有朋友。

比如还有一个例子，我一个女性朋友离婚了，去找她的闺密聊天，把婚姻中的各种不幸都告诉了她，这个闺密却来了一句，"幸好，我的婚姻比你幸福多了"。

我的朋友听到这样一句话内心更加难过了，她的倾诉没有收到任何安慰，反而受到了伤害。

还有一种人就爱说："我早就说过了，你为什么不听？你如果当初听我的，是不是就不会出现这样的事情？"如果我听到这样的话我心里就会想："关你什么事，就你事多。"

还有很多人就是一个无脑的辩论家，你对他说任何话，他都会说"不不不"，然后就开始说他自己的看法，不管你说的错还是对，他说出来的第一个字肯定是"不"。

很多人听到这样的话就没有再交流的欲望了，因为沟通是双方互相的、共同的，不是非要争个对错。

其实在沟通中最重要的就是倾听，因为大多数人的分享欲是大于倾听欲的。

当一个人特别兴高采烈地对你说话时，用你的眼睛盯着他，让他分享他开心的事情，听他说，这样他就觉得受到了尊重。这是一种最起码的情感需求。

当然，你在沟通交流的时候要读懂别人的拒绝，即使别人没有表达出来。比如当你追一个女生的时候，这个女生每次见到你都完全不想理你，或者她全身上下都透露出"我不愿意和你交往"的信息，那么这个时候千万不要再傻傻地去表白了，因为这种表白能感动的只有你自己，那个女生完全感受不到，她也不需要感受到你的爱。

还有我们在生活中很难避免的一点就是"炫耀"，比如你买了一个特别贵的包就忍不住想向周围的人炫耀，那么最好的做法是，你在炫耀的时候就要加一个你炫耀的东西给你带来的很糗的点。

比如说你花 3 万元买了一个香奈儿的包，那么你在说完这句话之后还要加一句，可是有一天我不小心把包掉到了地上，地上全是水，我的整个包都湿透了。

我相信朋友听了你这样的话，虽然知道你有一个很贵的包，但听到你的包掉到水里湿透的时候，其实她的内心是暗爽的。

所以说，想秀优越感的时候要在后面补上一个小插曲，不要引起别人对你的妒忌，因为妒忌非常影响彼此之间的交流。

还有一个问题我想说一下，现在很多男生想邀请女生出去玩、看电影等，你可以这样说："你有空的话，咱俩一起去看电影或者吃饭吧。"

如果这时候对方接话了，那你就说得更加详细一点；如果对方没有接茬就不要往下说了，因为根本就没有可能。

生活中做一个会说话的人一定要管理好自己的情绪，不要让情绪占据了你的大脑。不要用情绪说话，用你的内心、你的真诚和别人交流，这样你会收获更多的朋友。

面对工作、生活中的各种批评，该怎么办？

扫码看视频

首先我们要明确一点，人在面对批评和否定的时候最直接的反应就是抵触，那当别人批评你的时候你该怎样和别人聊下去呢？

批评一般分为三种：第一种是明确指出你的问题或者缺点，希望你改正的；第二种是带有情绪性的指责；第三种是否定式的、侮辱性的批评。

如果你遇到了第一种批评，它可能来自你的老师、父母或者老板，这些人批评你的目的是真的希望你能改正、能提高。

面对他们的批评你一定要虚心地接受，反思自己是不是真的有这些问题，当确定自己有这些问题之后一定要积极改正。对这样的批评你要怀着感激的心情，因为这样的批评是善意的，这样的批评会让你更加成功。

当然在生活中这样的批评是可遇而不可求的，当一个人诚恳地批评你，那么他一定是真心希望你能更好。

我们在生活中遇到更多的是别人虚伪的夸赞，他压根儿就不想批评你，因为他知道批评一定会得罪人。

还有一种批评是带有情绪的批评，这种批评往往来自你的上司，因为你工作上的问题激怒了你的上司。当你面对这样的批评时要微笑，然后倾听，这个时候千万不要辩解，你的辩解只会让事情往更坏的方向发展。

极力反驳是面对情绪批评最差的处理方式，你反驳得越多，最终一败涂地的可能性就越大。当对方批评完之后，一定要微笑着点头说"谢谢您的批评指正，我一定尽快改正"，而且这时候最好给对方一个你预期能达到的最完美的改正效果。

当你面对恶意的批评，甚至是人身攻击时，你要做的就是毫不留情地怼回去，因为他不是想要你变得更好，他只是想取得心理上的优越感，这个时候一定要反击。

比如现在经常有一些朋友要出国旅游，这个时候就有人找你帮他代购一些东西。

我有个朋友出国帮别人买一些东西，但没买到，回来之后就给对方道歉，结果对方一点儿也不领情，还说："你真的什么事情都干不好，买个化妆品都掉链子。"

我朋友听完这句话非常生气，马上就怼回去了："对呀，我就是做不好事情，有本事你自己出国去买啊！你就是一个出不了国的事儿精。"对方当时就愣了，没想到我朋友的态度如此决绝。

但首先就是她不对，别人是诚心帮你的，即使没有帮成，你也没有理由这样指责别人。

面对所有的批评，能意识到的都要积极调整，暂时无法明确的就不要太为难自己，生活中首先要做到自信和坚强。

面对批评的时候，自卑的人会非常郁闷，自傲的人会非常恼怒，唯独自信的人才能在批评中改变自己，真正取得进步。

张越：说话不光靠嘴，更得走心

扫码看视频

话虽然是从嘴里说出来的，但它发源于内心，经过脑子加工，再迸发于唇齿之间。所以，真正的好好说话，不只是表达技巧，也是内心对对方的在意。

正如《圣经》里写的：我若能说万人的方言、天使的话语，却没有爱，我就成了鸣的锣、响的钹一般。

有哲学家认为，沟通是语言的一种功能，但绝非主要的功能，语言是人们意识的产物，也是人们内心想法的实际体现。

语言是人们用来表达感受的方法，进而理解现实状况。那么从这个评价标准来看，动脑子又走心的话，就是好好说话的最高境界。

我们来看看什么叫动了脑子又走心的话。

当年张辽追击关羽，关羽陷入绝境，关羽态度很坚决，说："我不怕死。"

张辽很认真地说："兄弟今天要是死了，你有三桩罪过。当初刘使君与您结义之时，发誓同生共死，现在刘使君刚刚打了败仗，而您就将战死，倘使他复出，想求您相助可是您已经战死，岂不辜负了当年的盟誓吗？这是第一桩罪过。刘使君把家眷托付给您，您今天却战死了，二位夫人失去依靠，这是第二桩罪过。您武艺超群，满腹经纶，不去与刘使君一道匡扶汉室，却白白地赴汤蹈火，逞匹夫之勇，怎么能叫大义？这是第三桩罪过。"

张辽的这番话让关羽陷入了沉思，最终听从了张辽的建议，暂时归降，再从长计议。

从谈判技巧上看，张辽是从国家大义、兄弟情怀上分析，说服了关羽。但更关键的是，张辽是发自内心为关羽着想，发自内心敬佩关羽。

如果换了曹营其他莽将，飙出一句"还不下马受降"或是"跟着曹丞相享尽荣华富贵"，很有可能导致两败俱伤的结果。

从这个角度看，张辽不愧是曹营第一将！

张忠：职场说到底是说话和做事

看到员工在公司打游戏，一定要做出处罚

扫码看视频

有网友提问：我在公司看到员工在打游戏，遇到这样的情况我是该说他呢，还是不该说他呢？

我相信提问的人肯定是一个公司的老板，你看到他打游戏首先要把他叫到你的办公室，不要当众指责他。然后你要跟他沟通，问他是因为工作量不足才去打游戏的吗？

这时候他有可能会说："我是工作太累了，想玩游戏放松一下。"当然是存在这种可能性的，员工在思考问题的时候想不下去了，或者他脑子处在极度疲惫的状态下，需要换一个思维。

如果是第一种情况，要么给他加工作量，要么让他走人。

第二种情况虽然可以理解，但是在公司里面是不允许这么做的，因为没有人能证明你到底是在换脑子，还是在偷懒打游戏。

　　如果你允许在公司打游戏这种行为，公司就无法管理。所以你跟他讲这个道理的时候，我相信他也是能够理解的。既然你已经发现了，你就要向公司的全体员工做出说明，公司是不允许玩游戏的。

　　无论处罚轻重，都必须做出处理，一定要给其他员工一个交代。当你态度明确并定下规则之后，公司的员工也是可以理解的，但如果你看到之后没有做出任何反应，对公司未来的损害是很大的。

如果同事是领导的亲戚，该如何相处？

扫码看视频

　　首先，我觉得如果你的领导是一个开明的领导，就不会让自己的亲戚亮明身份在公司工作，这样会让底下的人误认为他是领导派来监视大家的。

　　如果这个员工足够明智，即使他是领导的亲属，也不会主动让别人知道这件事。这个身份对他不是没有坏处的，会让他跟同事之间产生一个隔离带，这样对他个人的发展也是不利的。

　　假如领导和员工都没有挑明他的身份，你是从其他渠道得知的这个信息，你就假装不知道，该怎么处理就怎么处理。没必要特殊对待他，这样反而是多此一举，甚至可能给你带来麻烦。

公司同事太多，打招呼的时候记不清人怎么办？

扫码看视频

　　这样的问题确实挺常见的，如果别人给你打招呼，你用一个微笑或者点头做回应都是可以的。但是如果别人过来和你说了几句话，你都不知道他是谁，这个就比较尴尬了。

　　说到这个我给大家介绍一部电影，叫《穿普拉达的女王》，讲的是一个大学毕业的女生去一间杂志社找工作。杂志社的老板是一个著名的时尚界女王，这个老板很难缠，有很多的坏习惯。

　　有一天老板开了一个派对，邀请了时尚界的各种名流，她也记不住参加派对的所有人的信息，就让两个秘书把所有人的信息收集过来并且记住。派对上遇到来宾的时候，秘书就会告诉她这个人是谁，让对方觉得自己受到了时尚女王的青睐。

　　如果你真的重视这些同事，花点时间把这些脸都记一记，只要你提前做一些功课，就能克服这些尴尬。

兆民：和老板沟通是学问

如何与老板进行更有效的沟通？

扫码看视频

我的建议是这样的，如果是在办公室就事论事，讨论工作上的一个项目，你要做的是提前做好准备，让上司去做选择题而不是填空题。而且选项也不要太多，这不是多选题。很多人害怕和上司沟通就是因为自己没有准备好。

我觉得一个公司的老板也好，上司也好，一定是这个公司最聪明的人，公司的业绩发展和成长离不开他们的一举一动。

他们每天要处理的是整个公司的事情，而你只需要处理手头的一些事情，所以你要站在老板的角度去想，怎样高效地、快速地给他把事讲完。

人际沟通里面有一个很重要的理论就是金字塔理论，你要先告诉对方你的结论，只有当领导听到你想表达的意思之后，他才会在他认为重要的地方去认真倾听。

向老板汇报工作必须掌握这些技巧

扫码看视频

很多人在开会的时候都要讲PPT，但是，如果没有PPT，你要怎样组织一场会议呢？

假如是公司的CEO、副总裁、各部门的总监以及手底下干活的人参会，你应该怎么准备？首先你要搞清楚会议的主题是什么，会议大概要开多久，主要讨论哪些议题。其次，就是要把这些会议信息套进去，我的主题是什么，我的论据是什么，我的事实依据是什么，这些都要在会议当中阐述清楚。

我觉得大家对于汇报工作这件事不用太过于焦虑，向上汇报工作本来就是一件很难的事，大家掌握不好是正常的。如果你能把你的上司当成你的合作伙伴，你可能就没有那么多心理压力了。

张彬：好好说话，先有准备再张嘴

提前做准备，让你当众发言不再紧张

扫码看视频

有网友提问：当众发言总是怯场怎么办？

应该说这是一个大家经常遇到的问题，别说你们了，我做了 20 多年广播电视了，现在如果在一个大的场合做节目或者发言的话一样会怯场。

虽然人在聚光灯或者众人的注视下一定会紧张，但是怯场也有它的好处，因为你一紧张就会特别专注，肾上腺素也会分泌很多，人就特别兴奋，兴奋之后演讲效果可能会更好。

这位朋友的问题是"当众发言非常紧张"，我不知道这个指的是在单位开会发言的时候怯场，还是在家里被媳妇问"钱去哪儿"的时候怯场，或者是在特别大的场合演讲怯场。

情况不一样，应对的方式和说话的表达也不一样。咱们姑且认为他是在大场合发言怯场。一般人都是这样，一登台灯光一照，底下好几百个脑袋，谁也看不清是谁，这时候该怎么办？

应对这种情况其实是有技巧的，首先你得掌握一些让自己放松的语言，就是能和自己联系起来的语言，甚至上来可以自嘲一下，或者准备一个小段子小故事。

我给大家举个例子，有一次我给一些局级以上的干部讲简政放权，这要怎么讲呢？都是局级干部，我级别比他们低。

我是怎么让自己放松的呢？上来先举个小例子，我就说，一般来讲，牡丹花和芍药都是伴生的，牡丹旁边一般都种芍药，为什么呢？因为这两种花都特别好看，而且花期不一样，牡丹先开，谢了之后芍药又绽放了。

看起来挺不错的吧，就这么简单的两样东西就归两个部门管，牡丹属于木本，归林业部门管，芍药是草本的，归农业部门管。这两株花都归两个部门管，那何况和老百姓相关的很多事情呢？

说完之后很多人会心一笑，我自己也放松下来了。提前准备一些有关的内容是可以让自己放松下来的。

当然，事先的演练也是很有必要的，准备完之后可以给身边人讲一讲。

当年白居易写完诗必须找一个老太太给她念一遍，如果老太太说不错，他就拿去发表了。

2010 年英国有部电影叫《国王的演讲》，讲的是老国王乔治五世去世了，继位的艾伯特王子说话口吃很厉害。

后来他经过不断学习、演练，最后在英国公众面前发表了非常生动的讲话，这也是"二战"期间非常振奋英国士气的一次讲话。

所以说，想消除紧张，准备充分、找到自己的定位，显然是非常重要的。

如何应对一哭二闹三上吊的女人？

扫码看视频

这个问题我一句话就能回答，因为我曾经问过情感专家这个问题，他说："你知道这种人最怕什么人吗？""最怕什么人？""一哭二闹三上吊的男人。"

她要是对你一哭二闹三上吊，你也可以用同样的办法治她，当然我觉得这是一个开玩笑的说法。

不过这个现象确实挺普遍的，现在的很多女孩任性、彰显个性、脾气大，你想哄她确实很难。

一哭二闹三上吊是一个循序渐进的过程，所以最好的办法是把它消灭在萌芽状态，一哭的时候就应该解决问题。

女孩子哭，更多的不是因为委屈，而是希望引起你的注意，你要是不解决问题的话可能就会变成闹，慢慢地她闹也不管用的话，可能就会变成上吊，出现不可预知的后果。

所以，你最好是在她哭的时候就哄好她，你要有足够的情商去处理这样的情况，再有一个就是你要舍得，有人说我没钱，这还真跟钱没有太大的关系。

我举个例子，有一对男女都打算结婚了，男生喜欢藏私房钱，为这事两人没少吵架，后来有一次吵得很厉害，女生就把男生的手机摔碎了。结果手机壳和手机都分开了，里面掉出 200 块钱来，你说这多尴尬。

不过这个男生也很聪明，说："本事够大的呀，你这一摔，话费都给摔出来了。"女生马上破涕为笑。

我举这个例子是什么意思呢？有时你想说好话，就得付出点其他的东西，你不能太小气，要有大局观，在具体问题上，你要用针对性的话博得女生的欢心。

不过我还是要说一句，如果一个女生经常对你一哭二闹三上吊，很可能她的脾气就是这样。现在这样，结婚之后也这样，与其这样，不如慎重考虑是不是要在一起。

当然，更多的女孩采用这种方式是对你的爱和关怀，她一哭的时候你没有哄，她二闹的时候你没有体贴，她三上吊的时候你没有心疼，最后闹到感情破裂，双方都悔之晚矣。

相亲不要有心理负担，就当认识一个异性朋友

扫码看视频

有网友提问：面对父母的催婚，如何让他们安心，又能为自己赢得喘息空间？

这惨不惨啊，喘息空间用完之后父母就不催了吗？这喘一阵，憋一阵，喘一阵，憋一阵，早晚得出毛病。

不过这确实是一个现实的问题，很多人为了应对这种情况，过年都会在网上租一个对象，就是为了回家应付父母和七大姑八大姨的催婚。租的时候遇到好人还好说，遇到坏人就麻烦了。

比如女孩子租个男朋友回家，父母本来就着急催婚，就说，你们晚上就住一块儿吧。你说你住还是不住，万一那小子再憋点坏心，赔了钱不说，自己也搭进去了。隐患非常多，这种事不能干。

有的人只要父母一催婚就争执起来，吵不了两句一摔门就走了，大过年的让父母在家里落泪。对此，我总结了几个办法。

一个是多进行沟通，不是简单地聊，要掌握一些技巧。

比如女儿跟妈，你妈说："你看你都快三十了，怎么还没对象？"遇到这种情况上来先别说原因，感同身受懂不懂？"妈，我要有女儿这岁数还不结婚，我比您还着急，我知道您压力特别大。"

基本上说到这儿你妈眼泪就下来了，接下来吃点饺子这事就算过去了。

当然这种沟通方式更多的是一种换位思考，你从老人的角度出发，他们逼婚没有别的意思，就是希望你能够安稳、能够幸福，希望你老了有个伴、有个依靠，出发点很简单。

另外，你要给父母展现出独立的一面，要让父母看到你对这件事的规划，你自己必须是一个自信自强的人。

你说一回家，衣服还要父母洗，你自己都不独立，父母怎么会放心？你必须展现出独立的能力，才能让他们相信你能找到另一半。

还有就是你可以用一点激将法，父母要是逼得急了，你就说我随便找个人就结了，将来离婚了你们可得负责任，现在离婚率这么高，要是有了孩子，孩子从小没爹你们可得给我看着。

　　一般的父母都希望孩子幸福，你这话一说，父母肯定会好好思考一下，可能就容易沟通了。

　　不管怎么说，把自己的情况说清楚，把自己的人生规划好，跟父母说我愿意结婚，我也想结婚，只是我现在还在寻找的阶段。同时，不排斥相亲等活动。

　　有人一听相亲就觉得自己低人一等，有什么低人一等的，我就是相亲认识的我媳妇，她现在挣的比我还多呢。

　　对这种活动你要把心态放平和，别把它当作相亲，把它当成认识一个异性朋友，或许就能找到幸福的另一半。

　　所以在面对父母催婚这件事上，我个人觉得态度一定要好，要摆明自己的立场，让他们放心，让他们知道你有人生的规划，让他们知道你有结婚的意愿。

　　这个朋友提的问题还是让我挺有感触的，现在很多年轻人都在外上学或者打工，空巢老人很多，只有春节才有时间回家。回去之后最主要的不是说话，而是要给父母一种感觉和态度。

　　几千年前，孔子的学生问他什么是孝，孔子就说了两个字：色难。

　　什么意思呢？

　　最难做到的孝就是给父母好脸色、好态度，而且是一辈子的好脸色、好态度，不知道各位能不能做到？

看到员工在公司打游戏，
该怎么处理下次他才不会这样？

扫码看视频

要是我，我得看看他玩的是什么游戏，他要是玩王者荣耀，对不起，马上没收手机；他要是玩吃鸡，咱们可以一起，当然这是开个玩笑。

上班什么时候都不能玩游戏，但是这事确实不太好管，员工上班时玩游戏被你发现了，骂他一顿？扣他工资？没收手机？这些方法好像都不太合适。

那有什么好的解决办法呢？

2018 年 4 月 2 号我做了一个新闻点评，事情和咱们说的这个差不多，什么事呢？

4 月 2 号在辽宁省沈阳市铁西区有一位姓蒋的公司员工，在公司干了 20 年了，好像还是个中层干部。

中午午休的时候收到一条短信，可能家里住房公积金要办什么手续，他就去公积金中心办手续了。回来的时候手机又收到一条短信，因为中午外出办私事被扣了 200 块钱。

这件事当时是个大新闻，为什么呢？

公司当时要求每个人都给手机里下载一个考勤 App，也就是你走到哪儿人家都知道，是不是在单位人家肯定知道。

我觉得这招挺好，你制定一个制度就完了。最早是有一个公司给每个员工发了一个手机，这个手机自带定位功能。

让员工一人下载一个 App，这样他去哪儿、干什么你都知道，玩游戏的话你肯定知道。

山西的一个公司员工也用的这个 App，他们工作强度比较大，有一个员工在厕所刷了十分钟微博，被扣了 200。刷十分钟微博都能发现，如果打四盘吃鸡、玩几局王者荣耀肯定会被发现的。

这样你也不用批评他，避免了相互之间的尴尬或者争吵，直接按制度走就行了。

现在有时候都不用你说话，高科技带给我们的就是一些新变化，当年你还手写签到呢，后来改打卡了，现在都人脸识别了。所以有时候不是说话的事，是技术的事。

但是我要告诉你，这种方式其实并不好，为什么呢？

技术是为人类服务的，手机定位没什么好不好，基于劳动关系你用在考勤中也没错。不过全靠技术去管人一定是不行的，人是情感动物，还得互相沟通。绕一圈又说回来了，你还是得说话，还是得沟通。

即便用这样的技术，也要遵从两个原则：第一，不能侵犯别人的隐私。人家上个厕所你都定位，是不是人家下班回家了你也在定位？非工作时间不能用。

第二，你想让公司员工为公司服务，主要还得有一个归属感和向心力，你光靠技术管的是严了，可是员工心里是怎么想的？有好机会是不是要跳槽？

对于员工玩游戏这种情况，如果你是一个年轻的领导，不妨跟他好好说，探讨探讨游戏的内容，甚至下班之后都可以组队一起玩。

增进互相之间的了解，增进亲近感，顺便还能把规章制度的事提一提，这不是两全其美吗？

面对 90 后女下属，一定要恩威并施

扫码看视频

我手下就有几个 90 后女孩，90 后有两个主要特点：一个是比较任性；另一个就是什么都敢干，说走就走，说不干就不干，根本不考虑后果。

可是 90 后也有好的一面，健康、活泼、阳光、善解人意等，弄得领导有时候确实挺别扭。

但是在管理当中最重要的一点是，一定要一视同仁，好看的、长相一般的一定得同等对待，为什么呢？这不仅是公平，更多的是给自己减少麻烦。

跟女下属沟通的时候还要注意，不能单纯表扬或者批评。单纯表扬容易翘尾巴，单纯批评一定受不了，这是跟别的年龄段员工最大的不同。

在表达方式上，一定要恩威并施，既表扬又批评。

举个例子，早上来的时候女下属穿了一条一巴掌宽的裙子，这不合适吧，怎么说呢？

你一过去说："你裙子太短了。"

小姑娘就一句话："你怎么就盯裙子？"

你脸上肯定挂不住，这种时候怎么办？怎么说话？

这种时候要先抑后扬或者先扬后抑，比如你找个机会跟她说这月工作做得不错，挺辛苦的，不过这个着装得注意点，别穿太短，见个客户也不方便。

这样她可能就能接受，你要直接批评显然她是接受不了的。

再有一招就是我们小领导特别爱用的——扣钱，比如说迟到了，怎么办呢？

如果说按规定迟到扣 200 元，那就扣 200 元，如果没有明确规定就可以灵活变通，利用其他的方式让她知道得到的东西是必须等价付出的。

如果她提出一些过分的要求，她要升职加薪或把工作推给别人，你完全都可以答应她，但是她必须用同等的劳动去换取。只有这样才能激励起她工作的信心，同时也能照顾到她的情绪。

领导总是在办公室抽烟，该如何进行沟通？

扫码看视频

这里面我挑出几个关键词来，"办公室""抽烟""领导"，这三个词放一块儿一般来讲无解。

为什么无解呢？

你想想，领导别说抽烟了，就是干别的你也不太好意思说。

再有一个就是，一般领导都是一人一个办公室，不太可能是一堆人在一个大办公室抽，他即使烟瘾再大都会到吸烟区去抽。

就算是一人一个办公室，可是平常门又开着，你的工位又和门对着还离门很近，那这日子不太好过。

那怎么跟领导沟通呢？

我觉得这种沟通很简单，为什么说简单呢？因为基本没效果。

很简单的意思是你过去说，领导少抽点烟，对您身体不好，看似是关心，其实是提醒，但一般领导听不出弦外之音来。或者听出来他也装听不出来，"好好，谢谢关心"。你一扭头，人就点根烟压压惊。

这时候说话的意义已经不是很大了，直接用行动表明你的态度，比如女孩吧，你可以天天戴口罩，一见领导就皱眉。领导一进来你转头就走，不管手上有多重要的活儿，如果有人问为什么，你就说我支气管有问题，哮喘。用无声的言语，对抗无理的行动。

当然，你也可以采取一些更激烈的方式，我们说的激烈也不是出格的事情，不是把领导打一顿或者把他的烟泡到水里。

现在无论是国外的烟还是国内的烟都有警示标志，我们国家警示标志小，就一行字，"吸烟有害健康"。

国外的香烟盒上，有脏心、烂肺、畸形的牙齿、病变的器官等图案，你不妨把这些图片打印出来，贴的办公室到处都是。让领导一见到这个就心生忌惮，或许对他戒烟还能有点儿作用。

但是真正能让问题得到解决的还是制度，现在大多数企业对吸烟都有严格的要求，通过一些正规的渠道进行相应的举报，一般都能收到效果，关键就看你能不能迈出这一步。

年轻的部门领导如何做到不怒自威？

扫码看视频

历史上有很多不怒自威的例子，采取的方式也不一样，有的是杀人立威；有的是眼神杀死你，眼神非常凌厉；有的是长相很有杀气，比如关羽那样的。

但是你一个年轻的小领导要什么不怒自威呀？你要干吗呀？

不怒自威这个词其实出自荀子，原话叫"未施而亲，不怒自威"，什么意思呢？说的是这个人没有施舍，老百姓对他也很亲；不用生气、发火，大家也都觉得他很有威严。这说明什么呢？说明这个人有内涵，有一种自然而然的震慑的气势。所以你作为一个年轻领导就得从自身去找这种气势。

你的下属年纪比你大不是什么问题，现在的社会早就不是论资排辈的社会了，我的领导比我还年轻呢。所以这种情况下，最重要的就是你和你的下属如何沟通，对于年长的下属一般来说尊重是第一位的。

你一定要尊重他，我们中国人讲长幼有序，家里如此，单位也如此，很多事情多向他请教，多和他沟通，进行平等的对话。

再有一个就是你个人的业务素质得高，我们过去说一个领导不好，什么都不懂，是个外行，所以这时候你首先要把自己的本职工作了解清楚。

两个人沟通业务的时候不但他要懂，你比他还要懂，自然而然威信就建立起来了。

在一个单位有可能有比自己年长的下属，也有可能有比自己年轻的领导，这种沟通讲的是情商，通过你的语言、表现形式、工作方法都能展现出你的素养。

在这种情况下，无论你的表达方式还是谈吐，直接决定了人家对你的态度。

特别是对一些比你年长的下属来说，私底下多照顾一下，情感上多沟通一下，我们老说用情留人、用待遇留人、用相应的制度留人。作为一个小领导，制度和待遇做不了主，情感上咱还不能下点功夫吗？

如何拒绝别人？

扫码看视频

拒绝分为很多种，比如别人跟你表白你拒绝他这是一条路数，人家向你借东西你拒绝又是另一条路数。虽然具体情况不一样，但是整体的思路是一致的，我就按着借东西的思路给你说说。

学会拒绝是一个人成熟的标志。我记得前些年春节晚会郭冬临演过一个小品，叫《有事您说话》。人家让帮忙买个火车票，"没问题"，然后自己抱一军大衣，拿一马扎，连夜排队去了。别人请他帮什么忙都答应。这种人往往是心里特别不自信，希望得到对方认可的人。

可是不会拒绝往往会让自己陷入一种恶性循环当中，最终跟同事、朋友、领导就变成了一种主仆关系，对于个人的成长以及心理健康都是不利的。

有的人说我是真说不出口，性格就是这样，我不好意思。不好意思你就学，不好意思你也得张口，学会说"不"是一个人待人接物的根本方法。

但是真正要说"不"有时候也挺难的，比如说有人找你应急借一百块钱，你就直接来一句"不"，那肯定不行。说"不"的时候要和缓，但是态度要坚决。

举个简单的例子，朋友来找你借车，你要直接就是一个"不"字，估计这朋友就没得做了。

一般我也不太好意思说，就环顾左右而言他，"哎哟，今儿车修了""哎哟，今儿限行""哎哟，朋友开走了"。与其环顾左右而言他，还不如直接点说，这车我不能借，一旦发生点意外，恐怕难以处理。

现实中很多案例都是这样，朋友借车导致重大交通事故，作为车主本人也要负连带责任，会带来一系列的麻烦。

这时候说话往往要讲究一个方式方法，实在不行就往自己老婆或者老公身上推，"我媳妇不让借，你也知道我媳妇那人，嗨呀，别提了"。

不管怎么说，学会拒绝都是一个人成熟的标志，也是一个人的权利。

著名作家毕淑敏曾经说过一句话：拒绝和生存一样，都是一种权利。你要学会说不，就会让自己在世间活得更舒适一些。

因为我们知道有的是朋友，有的是一些占便宜的人，你要老纵容他，最后吃亏的肯定是自己。

人可以吃亏，但是我们吃的是明亏，绝不能吃暗亏。

我再举个小例子，清朝光绪年间有个叫叶德辉的进士，他本身也是个文学大家，家里藏书很多，很多人都找他借书，他实在不厌其烦，就贴了一个纸条，叫"书和妻子，概不外借"。

挺诙谐幽默的一个纸条，既把自己的心意表达出来了，也没有太伤害人。咱们也能借用一下，比如叫"车与老婆概不外借"，或许也能有意想不到的效果。

学生调皮不听话该怎么办？

扫码看视频

以前，碰上调皮的学生，老师动辄就要打要骂，像我小时候，老师别说打我了，还经常羞辱我。我碰到的最难堪的一件事是让我站在全班 41 个人面前，让他们羞我，当然也是因为我犯错了。

那时候不但没让我感觉受到了羞辱，反而变得自尊心无比强大，终于成就了今天的我。

但是现在的孩子你行吗？你稍微说重一点，他敢一转身从窗户跳下去，你说老师难不难做？确实难。

现代教育理念更多提倡跟学生的沟通，我们既强调师风师德，更强调教书育人的好方法，讲究立德树人。那怎么以德服人呢？

我告诉你，这里面有技巧，很多年前我在美国感受过他们的课堂氛围。

美国老师怎么批评学生？他过来的第一件事是先蹲下，我指的是小学，先跟你平视，这能取得事半功倍的效果。

为什么？

孩子觉得很新鲜，老师那么高,蹲下来之后和你的物理距离接近了,同时心灵的距离也接近了。

这种和风细雨的方式，就不像我们老师站在那儿，你低着头看脚尖，心里却在想着其他事情。所以要讲究一些方式方法，学习一些新的教育理念，我觉得对教育孩子很有帮助。

比如有些学生，调皮归调皮，不过都很聪明，而且调皮的孩子往往自尊心更强，越是这时候你越应该用激励的方式让他们感受到温暖。

给予他们更多的关怀，一定有办法解决这个问题。具体方法可以跟学生沟通沟通，请教一下其他的老师，也可以多看看我们"特别会说话"。

教育孩子的最高境界是什么？

扫码看视频

教育孩子没有一个固定的标准，不过我们提出的好老师标准有四条，要有理想信念、道德情操、深厚的学识，还有最后一个：仁爱之心。

这四条不知道你做到了吗？我觉得值得反思。

最后讲一个我认为最高级的教育方式，这个方式其实你上网也能查到，我给外面讲课的时候也经常用。是什么呢？

陶行知先生的四块糖理论。陶行知是我国著名的教育家，他曾经遇到过这样一件事。

他一进学校看到一个男孩准备用大石头砸另一个男孩的脑袋，制止完之后让打人的那个孩子到校长室等他。等陶行知忙完到校长室之后，什么话都没说先给了那个男孩一块糖，那个孩子傻了。

他对孩子说，我给你糖是因为你尊重我，我让你来你就来了。

接着又给了他第二块糖，理由是你先到的校长室，我迟到了。

然后又给了他第三块糖，我晚来的原因是因为我了解了一下情况，因为那个男生欺负女生，所以你才帮助女生对抗那个男生，我觉得你的行为值得奖励。

第三块糖给完之后，这个孩子已经是热泪盈眶了。校长简直太人性化了，到这儿还没完。

最后他又掏出一块糖，说："你已经哭了，说明你已经知错了，我相信你一定能知错就改。"

糖发完了，我的故事也讲完了，你回过头看看，陶行知有一句骂人的话吗？有一句呵斥的话吗？有一声训诫吗？

都没有，就用这么一个简简单单的方式，让这个孩子记忆一生，这其实就是教育的最高境界。

普通人如何学习新闻评论的门道

扫码看视频

很多人可能觉得新闻评论员怎么这么厉害，什么都能聊，什么都知道。

这就是我们做新闻评论的关键，评论主要靠的就是独特的观点和独特的视角，然后别人才能看出来与众不同的地方。

举个例子，比如说下雪了，一推开窗户，你会说什么呀？"哎哟，雪挺大，带孩子玩玩去。"

一般稍微懂点传媒的人会说什么？瑞雪兆丰年啊。

我会怎么说呢？

我首先想到的是明年肯定是一个丰收年。你看到没有，这个境界，这个角度，是不是不太一样？和大家开个玩笑。

做新闻评论没那么难，掌握几个关键点就可以了，哪几个关键点呢？

第一，政策导向，比如国家出台的一些最新政策以及正在发生的国家大事，你肯定要了解；

第二，视角独特，要是跟一般人一样肯定没戏，人家自己都知道凭什么还要听你说？

其实，新闻评论说白了就是自己的观点和对新闻事件意见的阐述。

想要克服脸盲症，就要和人多打交道

扫码看视频

有人说，自己有点脸盲，在单位里见了同事，见一个忘一个，这是不是一种病啊。我觉得这个首先要分清楚，我们一说脸盲很多人都开玩笑，"我路痴，我脸盲"，看似开玩笑，其实真的是种病。

为了回答这个问题我还特意查了一下，翻了一下国外的医学著作，描述挺详细的，这种病叫面孔遗忘症。

这个面孔遗忘症很厉害的，有的严重到什么程度呢？

我给大家举一个例子，美国一个男的走到一个商场，问服务员后面那个男的为什么跟着他？服务员一看没人跟着他，原来旁边是一面大镜子，就是他自己在镜子中的样子，他脸盲到连自己都不认识了。

我们原来认为这种病的发病率非常小，信息化之后我们发现这种病例还挺多的，据说国外这个比例更高，有的孩子得了这个病连父母都认不出来。

茫茫人海中找不到爹妈，你说急不急？当然我这么说不是吓唬你，非要你去医院看看，有的人分辨脸的能力确实比较弱。尤其是在我们日常生活中，见到一个人却怎么也想不起来他是谁，其实这很常见。

不过像这个人这样在大企业见一个忘一个的，恐怕真得想点办法。不一定是病，但肯定是认知上出现了一定的偏差。

我给你出个主意，你能不能记一记特征？比如这女孩腿特别长特别细，我觉得你一下就记住了，或者脸上有一个痦子，或者是烫了一个什么样的头。

慢慢地换种方式来记忆，实在不行用笔记下来，我觉得这个方法可以试试。或者你跟别人打招呼的时候就不要叫名字了，也不要过多地寒暄。

总之脸盲不是什么大的问题，不过确实是在认知和社交方面存在一定的障碍。

而且西方研究还表明，人在进化的过程中会造成一些进化性的脸盲。比如，我小时候见的外国人少，那时候看外国人觉得都一样。当年我就把曼德拉和《肖申克的救赎》里的摩根·弗里曼分不清——你把两人照片放一起真是有点分不清。后来联合国有一个秘书长叫安南，这三个人我都分不清。

这其实很正常，就是人进化过程中的一种方式，人的大脑是有限的，在人类进化的早期和异族接触少，所以把有限的大脑全用在了本族人身上。

这就是为什么我妈看见老头、老太太都能认识，看到外国人却都觉得一样的原因。

再举个极端的例子，你到动物园看到五只老虎，感觉都一样啊，其实它们区别特别大，老虎自己就分得清。

当然，老虎看你也是，"这五个人怎么长得一模一样"。道理都一样，所以，如果你的脸盲是病的话赶紧治，不是病的话就想想，怎么才能加深记忆。一般来说，多跟人家来往，多接触，自然而然地就熟悉起来了。

被领导误会之后一定要摆正心态

扫码看视频

说实话，日常生活当中遇到被误会，特别是被领导误会的时候还是挺多的，工作上经常被误会。

我认为要解决这个问题，首先千万不能当时就驳斥领导，因为你不一定是对的，或许领导不是误会，这里面真有问题。

另外在现实生活中，以我个人和我身边朋友，包括我们"特别会说话"这些嘉宾的实际例子来讲，很少能碰到胸襟像海一样开阔的领导。

所以你要是这时候反驳他，显然既伤了面子，同时也可能伤了里子，领导以后很可能找机会给你"小鞋"穿。

这时候怎么办呢？

我给你出几个招，一个就是摆正心态，从自己着手分析，这个是怎么闹的误会？来龙去脉是怎么样的？看看是不是有自己做的不对的地方，如果自己确实有疏漏的地方那就找出来再解决。

另外一个就是别急于去和领导说这件事，领导正生气呢，你转头就去他办公室，那时候谁也听不进去。

等到一个合适的机会，特别是领导心情愉悦的时候，你再给他解释。比如在请示别的工作的时候进行解释，或者你实在忍不了就发一个微信。这个微信什么时候发呢？晚上九点左右。

根据生理学家的分析，一般人在晚上九点多的时候身心最放松、最愉悦，这个时候发一个微信，或许领导一看就能前嫌冰释。

但是不管怎么说，都要切忌急躁，过度的反应很可能把事情变得更糟，冷静下来，然后通过一些和风细雨的方式找机会见缝插针地跟领导解释清楚，我觉得还是有可能让领导和你化干戈为玉帛的。

毕竟领导也是人，也想要一些能干的下属，这样一种方式既保留了领导的面子，也对自己未来的职场生涯有所帮助。

遇到挫折之后，如何进行自我激励？

扫码看视频

这个问题特别大，也是当下的一个热点，我们在日常生活中总会碰到挫折和瓶颈，怎么激励自己？怎么能在逆境中自强呢？

其实这个问题真的不太好回答，因为每个人的方式不一样，有的人是自我安慰型的："我一定行！我肯定行！我就是能行！"

有的人是愈挫愈勇型的，压力越大的时候，他表现出来的能力可能就越强。

我给你提供不了具体的方法，但是我可以给你举一个例子，这个例子是网上流传的一个段子，不过这个段子却有非常深刻的意义。

你看它的压力比你大不大，它的困境比你多不多？

话说一家初创公司只有 56 个人，原始资本接近于零，外部压力特别大，环境特别险恶，市场、空间都没有，还经常遭到恶意的打压。

经过 28 年的发展，在 1949 年，这个公司上市了，又经过几十年的发展变化、资产重组，它的市值现在居世界第二。

它就是中国共产党，中国共产党发展历史上面临的压力比你个人大多了，这些压力带来的影响非常巨大，但是每当一个压力来的时候，它都能够自省、深刻地认识、自我修正，最终带领人民走向富强。

那么我们作为新时代的个体，和时代的命运同步前进的时候，自我调整和自我认识对于战胜自我、突破瓶颈是很有帮助的。

具体到个人来说就是多学一点知识，多了解了解时事，认清自己所处公司、所处行业、所处环境的变化，我想认清自己才能真正改变自己。

想让下属敢于提问题，领导的作风必须改变

扫码看视频

有人问，作为一位领导，如何做才能让下属敢于提问题？

首先，我觉得你作为一位领导胸襟能像大海一样广阔，敢于直面问题，真的挺值得我们点赞的。但是话又说回来了，你说"下属只喜欢挑我爱听的内容汇报"，可是下属是怎么知道什么是你爱听的？一定是你平时展现出了你爱听什么，下属才会投你所好。

我们老说，楚王爱细腰，宫人多饿死。当年楚王就喜欢细腰的，那些小姑娘为了博得楚王的喜爱使劲饿自己，最终很多饿死了。同样的道理，肯定是你在日常工作中表现出了你的喜好，表现出了你的某种作风，让下属知道你喜欢什么了，所以才会投你所好。

我觉得你想让下属实事求是地反映真正的问题，你首先得做一个实事求是的人。也就是你能不能真的接受逆耳忠言，能不能真的听得进去，能不能对一些尖锐的问题放平心态，这会决定你的下属是什么样。

我们常说，领导什么样，下属一定什么样。上有所好，下必效焉，他一定是效仿做的。所以，我觉得你在工作方式上可能还是有一些什么问题。

就跟一个漫画里画的一样，说大家都可以匿名提意见，然后意见箱挂到领导脖子上了，你说这种提意见的方式有意义吗？

要想让下属真正提出有针对性的意见，我觉得首先你要转换一种

方式，比如说采取一些匿名的提问题方式，就可以达到一定的效果。但是关键在于你自己作风的转变。一旦领导的作风转变了，下属一定跟着转变。

想让下属提出实际性的问题，你首先得是一个敢于直面问题的人。做敢于解决问题、有担当的领导，做不到这个，恐怕任何下属只能说你爱听的话。

电梯里遇到领导该怎么打招呼？

扫码看视频

这事应该是个艺术了，你别看厕所、楼道这些场合不起眼，其实也是个社交场所，碰到同事还好说，关键是碰到领导怎么办？

一般在厕所碰到领导确实不太好打招呼，总不能说"你吃了吗"，这显然不合适，但是要说别的好像也不太合适。

所以厕所里头怎么说话？我个人认为，这个时候咱们不妨学学西方人，西方人有时见面就给一个微笑，这比说话要来得实在得多。

在一些特殊场合，点头示意以及微笑或许是一个很好的方式。

但是电梯里面和楼道里面就有技巧了，碰见同事还好办，要是领导我个人认为你还得主动作为。

如果你和领导一起等电梯，你得帮领导按个电梯吧，门开了之后你得让领导先进，还得扶扶门，进电梯之后自己得站在按键的位置，把视野好的位置让给领导。

其实这些并不是拍领导马屁，而是在单位或公司作为下属一种对于领导的尊重，切忌闷头玩手机。有的人真的喜欢玩手机，而有的人是为了化解尴尬才这么做的。

但是，如果有领导在电梯里面，你一玩手机给领导的感觉就不好了，最好跟领导寒暄几句，特别是电梯里只有你们两个人的时候。

说什么呢？我这里有下、中、上三个锦囊，最低一级的跟领导打个招呼，"您好"或者"×总好"；中层次的谈话技巧是找一点领导喜欢的话题，比如昨天那球赛不错。

高层次的谈话是什么呢？直接跟领导打招呼，别害羞，别低头，"×总您好"，领导可能不认识你就愣了，借机做个自我介绍，给领导一个特别好的印象，或许过不了几天就调到他们部门做经理去了。

陈秋实：用说话表达出你内心的坚持

怎样才能让人知道你是有底线的？

扫码看视频

有一位朋友留言给我们提了这样一个问题：我和我的女朋友在交往过程当中，两个人都有自己的生活方式，都有自己的一些原则，但是对方总是喜欢挑战我的底线。恋人之间相互忍让是应该的，但是凭什么总是我在退让？我怎么才能让对象知道我是有底线的？

怎样让人知道你是有底线的？你怎么做才能被人尊重？我有一套方法分享给大家，希望对大家有用。

我是做律师的，而且是非诉讼律师，去法庭的机会很少，很多时候我们是帮人做合同，帮人去谈判。在谈判当中有很多种方法和套路，今天给大家分享其中的一种。

我把它分为这几个步骤：设定底线→锚定底线→扩大议价空间→

向上突破，但绝不向下突破。

什么意思呢？我们来设定一个场景，你可能就比较容易理解了。

比如说你在谈一批货，你打算卖300万元，这是底价。

"真的老弟，300万元这是底价了，不能再便宜了。"

对方肯定会软磨硬泡："你看张哥，咱们这么熟了是不是？今年也照顾你不少生意了，再给低点，再给低点。"

"哎哟老弟，真的不行，张哥什么人你不知道吗？真的是最低了。物流成本在涨，各个方面的成本都在涨。300万元真的是底价，不能再低了。"

两个人你来我往磨矶半天，张哥实在吃不住了："哎呀，老弟这样，我最多最多再让你20万元，底价280万元，真的不能再降了。"

你注意到没有？刚才张哥明明说300万元是底价，怎么现在又变成280万元了呢？难道他刚才在撒谎吗？

既然已经确定了底线，为什么又要向下突破底线呢？

只有两种可能：第一种是你刚才在撒谎；第二种是你这个人没有原则，没有底线。

你总是抱怨别人不尊重你，别人不拿你说的话当回事，拿你说的话当放屁。

不是别人拿你说话当放屁，而是你自己的做法给别人传递了这种信号，你说话就像放屁一样，没有原则。

那么遇到这种情况我们到底该怎么办呢？

我们可以用这样的方法：老弟，300万元真的是底价了，不能降。但是咱们这么熟，我们这批货原来的保修期是一年，我多让你半年，一年半，我送货上门，物流成本我承担，然后我再多给你5万元的赠品怎么样？哥也对得起你。

底线不动，我提供的好处扩大了议价空间，只向上突破，不向下突破。

这个方法其实在夫妻、情侣之间也可以用，长此以往，会让对方意识到你是一个有原则的人。有些话他不能说，有些无礼的要求他不能提，因为你有底线。有底线、有原则的人才更容易得到别人的尊重。

男人越来越不靠谱，如何才能让男友更有责任感？

扫码看视频

有网友提了这样一个问题：秋实哥，我觉得现在男人都越来越不靠谱了，比如说，周末陪女朋友逛个街，平时做点家务，都是最基本最平常的，为什么男人就是做不到，是不是男人都变得越来越差了？

我觉得这个问题其实要解决的是怎么样让男人更有责任感的问题，这个问题很好，我很想回答它，我很想给大家一个解决方案。

接下来的时间，我先给大家讲一个心理测试，这个心理测试所使用的方法正好可以对应你所提出的问题。

心理测试是怎么做的呢？心理学家派出他的两个助手，A和B，让这两个人分别做一件事。

助手A来到沙滩上找到一个测试对象，确定这个测试对象看见助手A了。

然后助手A就在他旁边铺了一条沙滩毯，躺在上面晒太阳，一边晒一边用收音机听音乐，听了一会儿，助手A就站起来假装上卫生间走开了。

这时候，助手B出现了，他走过来，假装是个小偷，拿走助手A的收音机。

他们先后测试了20人，一共也就只有七八个人会阻止助手B，也就是阻止这个小偷去偷这个收音机。

也许有的地方民风比较淳朴，有的地方民风比较彪悍，所以结果会不太一样。但是基本上管的人占少数，世界各地都是如此。

不过，当这个实验方式换了之后，结果就截然不同了。

助手A同样像刚才一样铺好沙滩毯，躺着听音乐，当他站起来的时候转身对测试对象说了一句话："先生，帮我看一下东西好吗？"然后他再去上厕所。

如果这个时候测试对象点头"嗯"了一下，即便没有点头但说了声"好"，只要跟他说了一句话，结果就会完全不同。

当助手B再次来偷收音机的时候，20个人当中有19个，甚至20个人都会去阻止助手B，他就像一个义务警察一样维护了助手A的权益。

为什么会这样？因为你向他提出了要求，这个人也明确做出了回应。当他做出了承诺，他就会去兑现自己的承诺，即便这个承诺没有任何约束力。

有的人根本没回答，助手A说完"您帮我看一下东西好吗"转身就走，这个人都没有来得及点头"嗯"，但他还是会去当这个义务警察，点头答应的人则会更加直接地去兑现自己的承诺。

为什么呢？一位心理学家说，因为我们的大脑中埋入了一个信号，叫作"言行合一"。

在人类的进化过程当中，在我们的社会生活当中，我们已经形成了一个共识，那就是言行合一、言出必行的人更值得被信赖，更容易被尊重，更容易被组织和社会所接纳。他们的生存概率会更高，他们的生活品质会更好。

所以每个人都渴望做一个言行合一的人，而言行合一还可以帮助我们的大脑省电。

你们没听错，我们的大脑是很需要省电的，也很喜欢省电，它很喜欢偷懒。

大脑重量虽然只占我们总体重的 3%，最多 5%，但所消耗的能量，却占到我们每天所消耗的总能量的 25%。

大脑是一个特别费电、特别消耗营养的器官，这就是为什么脑力劳动者经常会陷入一个很疲惫的状态，需要吃很多的营养品的原因。

不仅手机会进入省电模式，大脑也会进入省电模式。当你没睡好、血糖低，或者你困了累了的时候，你的大脑经常会这样。

这件事该怎么做？这件事我答应他了吗？既然我答应他了就这么做吧。答应了就按照自己答应的事情做，这样多省心啊。

骗人是很累的，言行不一致，嘴上说一套，实际做一套。昨天说一套，今天就马上变，这是很费脑子的。大多数人并不想费脑子。

说了这么多，跟刚才的这位网友提的问题有什么关系呢？

你的男朋友陪不陪你逛街、做不做家务，你有明确地向他提出要求吗？你有明确地等到他回答说"嗯""好"，做出一个回应或承诺吗？

只要他回应了"嗯""好"，那他兑现承诺、履行义务的概率就会提升许多，希望这个方法对你有用。

如何说服你的男朋友

扫码看视频

许多女孩子都抱怨自己的男朋友不体贴，自己提的要求也是左耳朵进右耳朵出，究竟有什么好办法来解决这个问题呢？秋实来教你一招。

前面我教会了女生们如果想让男朋友答应你的一些要求，就让他做一个口头的承诺，有了口头的承诺他就更容易履行和兑现。

但是有网友发私信对我说，我男朋友别说兑现承诺了，连承诺都不愿意做。我和他说了两年了我想去上海迪士尼玩，结果一点信儿都没有，太不靠谱了，怎么办？怎样才能让他接受我的要求？

其实，这就要用到我们在口语表达中一个非常重要的门类，叫作"说服"。日常生活中"说服"就是让对方接受你所提出的条件，或者满足你的要求。

我们见到最普遍的说服场景，就是推销。比如说，你去买东西，你本来做了2000元的预算，打算买一条裙子。

但是，你会发现，但凡有经验的售货员都会做一件事情，都会用同一个套路，那就是向你推荐店里最贵的一条9800元的裙子。你觉着自己买不起，于是面露难色，对这条9800元的裙子指指点点、挑三拣四。

售货员看出来你买不起，接下来她要做的是向你推荐 8000 元的、6000 元的、5000 元的，一点点往下降。你本来只打算花 2000 元，这样降下去，你会觉得这条 5000 元的裙子确实不错，确实漂亮，而且与9800 元的比起来，5000 元已经很便宜了，还能给打折，还能返券，参加商场的活动，最后 4700 元就能到手。

看见没有，你本来只有 2000 元的预算，但是在对比的过程当中，你最开始拒绝了 9800 元、拒绝了 8000 元、拒绝了 6000 元。你先拒绝，然后后退，最后接受，这是我们的思维方法中经常会被利用的一种思维模式。

所以，下次再向男朋友提要求的时候，不要说我要去上海迪士尼，你和他说"我要去东京玩、我要去迪拜"，他可能就会退让，然后接受你上海迪士尼的这个要求，觉得你只是去上海，买个火车票能有多贵，我女朋友真是通情达理。

不要觉得这种思维方法只在琐碎的生活小事中用得到，其实，历史中的一些重大事件，也有这种心理模式的体现。

比如说，在 20 世纪的美国曾经发生了一起震惊世界的政治丑闻叫作"水门事件"，美国总统尼克松在竞选过程中，他的竞选团队竟然派特工到竞争对手的办公室里安窃听器，结果被抓住了。

这个新闻爆出来后全世界都震惊了，最注重民主、最注重政治正确和政治公平竞争的美国居然搞出这么大的丑闻，尼克松也因此被弹劾。但是，当特工们来复盘这个事情时却发现在这里面存在很多奇怪的现象。

策划这起事件的特工名叫立迪，为帮助尼克松当选，他给竞选委员会递交的第一套方案是这样的：他打算花竞选委员会 100 万美元的预算。这 100 万美元他打算怎么花呢？

第一，弄一架跟踪飞机，24 小时跟踪竞争对手的行踪；第二，在竞争对手办公室里安装窃听器监听；第三，组织一支尖锐小分队随时准备绑架或者暗杀竞争对手；第四，准备一艘豪华游轮，在上面安排满那种高档的美得不行的妓女，勾引竞争对手上来风花雪月，然后拍照、拍视频敲诈勒索。

他把这套 100 万美元的预算递交给委员会，当场就被否了。委员会负责人说你这太扯了，暗杀、妓女都有，怎么可能？不可能，退走。

过了几天，立迪又推出了第二套方案。这次，妓女咱不要，暗杀也没有。只有监听、监视、跟踪和窃听，50 万美元就能搞定。对不起，不行，这个也不行，这个也太离谱了。

拒绝了他的第二套方案没多久，立迪拿出了他的第三套方案，这次监视也没了，飞机也没了，咱们就只做窃听这一个方案，25 万美元。

窃听也很不容易啊，你要派出一支尖锐的部队，要绝对可靠，你要给人家封口费，花 25 万美元对对手进行窃听。

竞选委员会的负责人依然觉着他的这个计划很不靠谱，而且违法，但是想想立迪也不是为了自己，是为了帮助咱们尼克松总统竞选，人家也是一而再，再而三地求我们，我们也不能让人家每次都空手而归吧。

再说，25 万美元虽然也挺多的，但是相比 100 万美元，只是之前的四分之一啊。就这样，竞选团队最后还是接受了立迪的这套疯狂的"破门计划"。

拒绝，退让，最后接受，这种思维模式在生活中真是处处可见。

跟你的朋友或者团队，你也可以尝试使用这种交流表达的方法，说不定，会给你带来一些意外的惊喜。

跳槽多，怎么和面试官说？

扫码看视频

有网友留言：我跳槽过很多次，如果被人问到之前为什么跳槽那么多次，我该怎么回答？

我也曾经跳槽过很多次，这个问题或许会成为你的困扰，但在我看来它并不严重。

首先，我希望你能够做一个真诚的人。年轻人经常跳槽，原因无非这几个：第一，并不清楚自己想要什么，自己的理想、目标、未来的发展规划很不清楚，所以换了一个又一个；第二，融入环境的能力有限，跟同事处不来，跟领导处不来；第三，觉得工作环境压力大，客户太难伺候，这些都有可能。

这里面会暴露一些你的缺点，但是暴露缺点并不是世界上最可怕的事情，而隐瞒缺点，最后被人发现，这才是最可怕的。所以如果被面试官问道，你之前跳槽了两三次了，为什么？你不妨就直接把你的困扰说出来。

我曾经并不清楚我想要什么，之前那个公司的成长速度太慢，或者说我和同事相处不来，我跳槽的过程其实正积累着我的经验和教训。在这个过程当中，我意识到我人际沟通的问题，我学到了。我希望换一个新的环境，在这个新的环境当中，我不会再犯以前那些错误，不会把以前工作当中的那些苦恼、那些情绪带到现在的地方，我希望一切能够从头开始，甚至会更有目标一些！

对于一个成熟的企业、一个成熟的面试官来说，人才的流动是一个正常现象，只要这个流动在可控的范围之内，甚至说，如果一个企业当中人才不流动，公司也会困扰。

明明没什么用的人，他不想主动离开，我还得把他开除掉，还要给他一笔遣散费，然后再去招新人，再培养新人，这个成本其实更高。

所以正常的公司并不会太在意人员的流动，在意的而是你来我这之后能陪我走多远，你的能力能帮我什么。那么你不妨把你在这家公司未来想做的事情，你的目标、期望说清楚。

比如说我希望在这家公司花 1 到 2 年的时间成为这个部门的负责人，如果公司成长比我快，我愿意追随公司共同进步。如果公司成长速度没我快，那么我希望能够带领公司往前走。

如果说我有了更高的期许，有了更好的地方想要离开了，请放心，我也会在我的岗位培养出一个很好的接班人，把一切都交接好，找一个至少不逊色于我的人，来接手我这份工作，然后再离开。

但是即便离开以后，我们还会保持着以往的交情，就好像我虽然跳过几次槽，离开了以前的公司，但是我跟以前的同事、朋友们、领导们依然保持着很友善的关系，我也会介绍客户给他们，他们也会介绍很好的资源给我，那些我离开过的公司其实都是我宝贵的财富。

现在我来到了你们公司，以前那些财富是可以带到这儿来的，和贵公司一起共享的，所以我跳过多少公司是我的优势，而不是劣势。

员工上班打游戏，该如何管？

有网友留言：我作为一个中层领导，有员工在公司打游戏，我该怎么处理？

首先，员工在公司打游戏，这个事情已经很普遍了，我觉得要分情况来看。

第一种情况，如果公司已经明确禁止在工作时间打游戏，而且员工也不是初犯，那就杀鸡儆猴，一定要有一个明确的处罚。

第二种情况，他之所以有时间打游戏，说明他工作量还不够多，时间还蛮闲的，怎么办呢？给他安排更多的工作，让他根本没有时间去打游戏。

如果到时候他抱怨工作量大，第一，你可以从坏的说："有时间打游戏，没时间干活吗？"第二，可以从好的说，之所以安排这么多工作给你，是领导信任你，想要重点栽培你，这是好事。

第三种情况，对于很多年轻人来说，游戏已经成为生活当中的一部分。作为公司的小领导，其实用游戏的方式拉近与员工之间的关系也是很好的。不妨规定一个打游戏的时间,因为网络游戏也有社交属性,你给他时间打游戏，而且作为领导，你也参与到游戏中，跟他打成一片。但是工作时间打游戏，就是他的不对。

一定要立威德于前，立民法于后。首先公司要有明确的规章制度；其次，劳逸结合在工作中非常重要，领导跟员工一起工作有干劲，生活上又能玩到一起，员工也会觉得你跟他是自家人，彼此认同，这样一切就好谈了。

新员工的生存之道，菜鸟要学

扫码看视频

有网友留言：我是一个刚入职三个月的新员工，但是公司的老员工特别喜欢干一件事，就是把他们不愿意干的、烦琐的工作推给我，我该怎么办？

你有没有想过，一个公司干吗要雇没什么工作经验的、不愿意融入公司环境的新人？一个最主要的原因就是老员工忙不过来。他们会做一些更重要的工作，从而把比较浪费时间的琐碎工作交给你，这就是雇你来的最首要的价值。

所以有些人心里不平，我能力很强，为什么给我这么琐碎的工作？但是你能力强也需要一个过程让别人认识。如果给你一个机会，老员工花三个小时完成，你有能力花一个小时解决，那就证明你确实比老员工优秀，你有条件向领导申请更重要的岗位。

另外，通过做这些琐碎的工作，能够建立起彼此之间的信任。人与人之间建立信任是需要时间的。

还有最重要的一点，就是作为一个新人，你要不要跟老员工成为朋友？职场是什么？职场就是彼此之间的协作。一些优秀的人总是不害怕、不恐惧与人交流的，他们与人交流的过程中往往是善意的，能够得到更多人的帮助。

在职场当中，有些工作是固定的，A 做 A 的事，B 做 B 的事，彼此毫无瓜葛。但是，也会有意外，比如 A 的工作没做好，需要别人的支援，那 B 要不要支援呢？

有两种可能，一种是公司的企业文化好，本不是 B 的事情，但是大家有很强的责任心，于是 B 为了公司，他愿意帮你一次，这当然是最好的。

但是在职场上，不是每个人都有这样的使命感，如果你的公司恰好没有那么强的企业文化，你该怎么办？这种情况下还能互助，只有一种可能，就是 A 和 B 之间有着一种"君子之交淡如水"的普通友谊。偶尔 A 做不好的时候，B 帮一把；B 做不好的时候，A 帮一把，这是人之常情。

我们总把人与人之间很好的感情，叫作同学情、战友情，但其实还可以是同事情。尤其当你是一个大学刚毕业的人，你进入职场的第一份工作，认识的这些人，有的时候可以陪伴你走过一生。把同事变成朋友，这点很重要。

而作为一个新员工，要主动学习老员工的一些经验教训，只要他愿意点拨，对你提高工作效率就很有帮助。

现在的企业已经很少有师徒传承关系了，但是不代表这种关系找不回来。当你真的从老员工那里受教，逐步跃升到老员工圈子里，你才有资本去告诉领导，其实我是可以委以重任的。

而领导一定会去征求其他老员工的意见，你是否可以被信任，人品怎么样，专业技能怎么样？老员工对你的那份评价，对于你是非常重要的。

与人争辩老卡壳，该怎么办？

有网友留言：在与别人争辩时，我脑子总是一片空白，说不上话，等到时机过去了，脑子里各种论据、论证都出来了，请问我该怎么办？

第一点，我认为辩论应该存在于辩论场上，而不是生活中。生活中更多的是沟通，更多的是尊重跟你意见相左的人所持有的表达权利。我们应尽量把胜负心放下，不要总想着吵赢别人。

第二点，你在当时的反应不够快，说明你没有经过足够多的训练。有的人是天生脑子快、嘴也快，有知识储备。如果你不是这样的人，就要避其锋芒。有的时候对方只是为了宣泄情绪，旁边的人也只是观赏他宣泄情绪，甚至盼着你们吵起来，如果你这时候跟他吵，就中招了。

由于你是一个不擅长在压力状态下思考和表达的人，那就回到家里好好准备，可以查资料、写稿子，把你所说的每一句话、每一个手势都设计好，然后对着镜子练几遍，所谓要想人前显贵，必得人后受罪！

另外，想要在争辩的时候不输阵，就要掌握一定的话术。比如，"我觉得你说得很有道理，至少能代表一部分人的观点，可能也有的人会反对，不过没关系，你的表达也挺有意思的""你说的观点有一部分我是认同的，有一些我可能不太认同，不过没关系，等有时间我们好好探讨一下这件事情"，等等。

我们先和对方观点达成一个基础的认知平衡，表示礼节性的认同，然后给自己留半寸余地，回去准备好了再来谈。很多重大的谈判都是一轮又一轮地进行。

在情绪十分饱满和冲动的时候，我们所做的分析有时候不够理性，不够全面，所以退一步海阔天空。

总爆粗口是病，得治

扫码看视频

有网友留言：我跟人说话的时候总是喜欢爆一些粗俗的口头禅，该怎么办？

一些小毛病或者口头禅，在朋友之间这种放松的场合当中，我觉得无所谓，但如果是蛮重要的场合，你想要警惕自己，有这几种方法：

第一，想方设法地给自己强加一个有意识的管理，可以使用一些小道具来实行，比如橡皮筋。

这种方法在心理学上叫作厌恶性疗法。每当你说脏话的时候，你就把它拉起来打自己一下，这小小的疼痛不至于让你受伤，但是可以形成潜意识。以后你每说一次脏话就打自己一下，脑子里形成关联以后，你就开始厌恶说脏话这种行为。

第二，找身边比较亲近的人监督你。如果想力度更强，可以让自己身边的权威人士或者特别在乎的人来监督。你可以明确地跟他说，我想改掉这个毛病，如果未来一个月、两个月我还改不掉的话，我自己都瞧不起自己。

把这话说出去，会给自己形成一种无形的压力，而在这个过程当中，对方也会关注你的变化，甚至会帮你改变自己，这对于你的提升和变化是很有帮助的。

下属在会上顶撞了自己的上司，一定要先做这件事!

扫码看视频

有网友提问：在开会的时候我的下属公然顶撞我的上司，我夹在中间该怎么办？

我觉得这时候要分步骤来处理，第一步要训斥你的下属不可以如此无礼。

作为一个下属顶撞上上级，他是没有礼貌和礼数的，但他不一定是没有道理的，他讲的东西有没有道理我们先放一放不说。上上级首先是前辈，指出前辈的错误也需要用一个温和善意的方式，公然顶撞肯定是不对的。

你要第一时间严厉训斥你的下属，但是你自己就没责任吗？

有，你的下属如此无礼肯定和你管教不严有关，因此，你在第二时间要承认这个问题，"对不起老大，是我没管好手底下的人"。

而且这种事情要一句带过，你不能把炮火集中到自己身上，这本来就不该是你该负的责。

第三时间做的事情最重要，你要迅速做出判断，你的下属公然顶撞上上级，他到底是为了什么？他是为了自己的一己私利还是为了整个公司，要在短时间内做出判断要靠你的经验和本事。

无非是这么几种情况：

这个下属是故意这么做的，就是想搅乱公司，就想惹事，你要能判断出来他到底是坏还是蠢，如果是坏你就要趁早让他走人。

如果是蠢，那就是他自以为很有道理，以为自己看得很远。有时蠢的人也很热情，他就觉得这件事这么做才是对的。

上上级那个想法还不够好，他自认为他比上级、比上上级还有远见，这个时候要怎么办呢？好好安抚一下上级，然后告诉这个下属会后再说。他有一份工作的热情，不要轻易给他泼冷水，回去慢慢讲。

其实最可怕最难处理的是最后一种情况，那就是这个下属真的比上级看得远、看得准，他说的东西真的有道理，那怎么办？

如果说他有道理，你等于冒犯了上级，所以这个时候你面子上两方都要照顾到，有一些技巧你可能用得到，比如说："小张啊，你说的这些领导肯定都想到了，但是在执行层面上可能还有一些困难，我们需要深入地讨论一下，这件事先放一下，等会儿会后我们三个人好好讨论一下。"

"赵总啊，小张这个想法挺有意思，我觉得他说的东西有很多的纰漏，但是不着急，等散了会咱们一起商量商量看有没有解决的方法，你看他工作挺有热情的，回头您和我们一起指导指导他。"

用这样的方式拉近两者之间的距离，让两者都意识到你们不是为了一己私利去制造矛盾。

最难处理的就是这种下级比上级聪明的情况，除非你的上级很有心胸，不然你就要在中间充当润滑剂的角色。

不要打击下级，因为下级是你的左膀右臂，有一天他会支持你。也不要冒犯上级，因为上级会在更重要的时候去帮你吸引人才，成为你的左膀右臂。

发现下级比上级更聪明的时候，先两边都安抚一下，把事情往后推一步，等大家情绪都稳定之后再去讨论谁对谁错的问题，千万不要煽风点火。

杜雨亭：会说，首先要会听

会听比会说更重要

扫码看视频

你怎么看特别会说话？或者说你觉得应该怎样看待"特别会说话"这几个字？

对于这个问题，我的第一反应是，竟然还会有这样的问题，然后第二反应是这个问题怎么来回答。

我相信可能每个人遇到这个问题时，都会有我这样一些本能的反应，这就说明"特别会说话"这五个字是一个特别重要的问题。

因为大多数的时候我们很少去想我们到底会不会"说话"，甚至"特别会不会说话"，我们只会找各种方式，让自己去"学会说话"，然后"会说话"，甚至"特别会说话"。

因为它会给我们带来很多好处，在生活中、工作中，都有有利的一面。

比如说你只要特别会说话，就能让你的朋友、你的爱人喜欢你，让你的同事觉得你是一个能够亲近的人，让你的老板觉得这个小子不错，这姑娘说话好听，办事牢靠。

但是，有时候有人说"这人特别会说话"，也不一定是好词，可能会觉得这人要么是口蜜腹剑，要么就是有不良用心。

所以"特别会说话"这几个字，含义特别多，看什么场景怎么问。

特别会说话的人都不急着说话

扫码看视频

有人提问，在"特别会说话"中，你最在意自己具备哪项的功能呢？

最后两个字"说话"，或者"特别"，也有可能是"会"，如果让我们每个人去评价的话，会得到不一样的答案。可能你会觉得这个人"特别"会说话，也可能你会觉得他特别"会说话"，这个是不一样的。

但是"说话"这个技能和标准每个人都必须具备，你可能说这算什么标准啊？谁都会说呀！

我还是那个观点，如果说的话能让人听得进去、让人不烦，那可包含很多个元素了：你得有学识，你得积累词汇，你还得会基本的语法和逻辑，像我们要做播音主持语言工作的话，还得学一些基本的技能，同时还得有情商。你得了解世俗民情、人际交往各种各样的信息，你才能知道"说话"这两个字的含义。"说"是第一位的；"话"有话术、有话语的能力，是第二位的，真的能达到说话在一起融会贯通就更不容易。

那么给所有的朋友们介绍一个经验的话，有没有一些好的方法？

每个人都有自己说话的经验。可能有人就觉得我这么说舒服，我这么说畅快。最近网上很流行探讨不同方言的节奏和力道，这也是说话中的一种。

但是，如果作为普通的一个，或者是大家都能够通行的话题来考虑的话，说话本身还是有一些基本的逻辑的。在我看来，如果让我们能够说话自然、通达，而且让人不烦，基本有两点。

首先，你要有一些基本的语言词汇量、逻辑知识，以及对于事情的洞察能力，然后你才会想到，把我的"话"怎么样相对清晰地表达出来。

其次，就是你要注意你的耳朵。你可能会觉得奇怪了，光会说不就行了吗？关耳朵什么事？因为你的耳朵要学会听。

比如说，听到电话响了，要告诉别人这个电话到底是什么样、在什么样的位置，可能会是谁打来的。因为别人可能会有一些疑问，你是在家吗？你是在办公室吗？这个电话要去接吗？

这时候你需要告诉别人这个电话不用接，我们同事就可以处理，你看这就是一个说话的能力。

所以说我们学会说话的基本技巧还不够，还得有对于这些事情民俗、人情世故，就是所谓情商的积累，当你能成为一个让人不烦、还能够清楚了解的人，你就基本具备了说话的能力。

扫码看视频

怎么才能好好说话？

这个问题其实可以分解成几个小问题。

第一，好好说话的标准是什么？

好好说话，重点一定在"好好"，说话的质量一定是放在第一位的。说话的质量到底好不好，取决于你有没有信息量，还有就是让人能不能在听觉上感到舒服。

我特别喜欢的一部电影是张艺谋的《有话好好说》，它在讲了一个有趣的故事之余，还讲了一个浅显的道理：如果你的话没说好，在生活当中可能会发生一个又一个让你不断感觉到意外，甚至茫然无措的问题和悲剧。

所以好好说话就是让自己的话在表达清楚的同时，还能让别人舒服地收到和接纳。这就是好好说话，这个可不容易。

第二，什么叫不好好说话？

开口先说"呃，啊，嗯，哦……"，这就是不好好说话的一种。

还有一种，我说的话本来是善意的，却让你收到、感觉到可能有其他的意图，不一定代表着善意。让人觉得被误读，或者是觉得给他带来威胁，甚至还有难堪等，也是一种不好好说话的表现。

再有一种就是得理不饶人，带有威胁性的表达。

我们经常没察觉到自己陷入了上面的情况，你在不好好说话的路上越走越远，这就比较危险。举个例子，明明你是要跟领导去请假的，也有非常站得住脚的各种原因，可是最终因为你不好好说话，让领导、同事都觉得你这人就是来挑事儿的，多冤啊！

话不耐听，让人有受伤之感，更何谈有信息量了，这就是不好好说话。

第三，为什么好好说话要学会"听"？

因为你说的话，最主要的目的是让别人能听进去。我们不断地强调"好好说话"，或者"说话"这件事情，你一旦忽视了听，就是忽略了耳朵接纳的途径，你说的话可能都会打折扣，或者是走到另一个你完全没法预料的侧面或反面。

大多数的时候，我们只注重说，不去注重听，听往往成了生活当中容易忽视的部分。这个时候你就要小心了，可能你说的只是自己的一厢情愿。所以说好好说话的前提是：一要先学会听，二要去体谅别人会怎么来听到你说的话。

怎么说话别人才不烦？

扫码看视频

说话，怎么做到让别人对你不会烦，还渴望听到你说话？怎么理解听众跟你之间的关系？

听众，大家会以为是很多人。实际上你说出去的话，哪怕一个字，听的人听觉上只是你一个人在点对点地对他说。就像现在你跟我说话，我只捕捉到你说话的信息量，以及语气、语态、语流和语言的内容。

　　"听众"不一定要设定为一个角色，但一定是一个你信任的人，他可能是我的家人、朋友、工作伙伴等。如果没有这个状态的话，对方也不可能信任你。

怎么驾驭朋友和听众之间的关系？

扫码看视频

　　三个"人"加一起形成一个"众"，像民众、群众、听众都是"众"，这就说明什么样的人都有。你把别人当朋友，但别人未必把你当朋友。如果你不把他当朋友，甚至把他当敌人的话，那他只可能跟你产生更大的对立。

　　在生活当中，你用各种方式跟别人说话，都不如你对朋友说话自如。跟别人讲话的时候，你要注意基本的语言面貌，可能话里有你的诉求和目的；跟朋友说话，往往要掏着心窝子让自己爽，让对方舒服，让彼此和谐。

　　在"听众朋友"的组合里，如果在"众"和朋友之间找平衡，首先要让人不烦，让自己的信息能够达到最大化，打动"众"当中的某个人，或者某些人，就能达到目的。

工作中，经历过怎样"好好说话"的过程？

扫码看视频

波峰波谷都有，总体是螺旋上升的。刚开始接触这个工作时，发现面对一个自己完全不知道有多少人在听的"众"，不知道该怎么说。那时候最在意的就是，千万别让"众"当中的一个人，或者很多人烦我！然后就想尽办法不让人烦，还要小心翼翼地等着别人评说。

比如：你声音这么差，这期节目主持得不好，各种驾驭能力不足，你还来话筒前跟大家说，你行吗？等等。但是逐渐发现，原来自己是行的：我是独特的，我有自己独特的说话方式，有自己独特的信息沟通驾驭能力。虽然不是什么都行，却慢慢地建立自信了。

而更重要的是，在摸索成长的过程中，我意识到，想让听众接受你，接受你的节目，就要让自己的话入到别人心里，让人对你发生兴趣。最终理想的状态是：哪怕你不说，别人也都等着你，哪怕只是一声"你好吗"，他也愿意听。这是最好的状态。

三表：说话就是说人情

家里老人总是被忽悠买保健品，该怎么办?

扫码看视频

家里老人被忽悠买保健品是一个大家经常会遇到的问题，我觉得大家就跟自己的爸妈说，您再买保健品的话我就每天买个包，咱这日子都别好好过了。当然，这只是开个玩笑。

我觉得大家应该经常对父母进行一些反向的"洗脑"，老年人都喜欢看什么呢? 市井新闻、心灵鸡汤。这些都有什么特点呢? 具有恐吓性。

那么，咱们就发一些新闻恐吓他们一下，比如说"震惊了，铁岭一老太太服用保健品竟长出了喉结""某老人买保健品之后导致退休金被骗光"，你就这么吓唬吓唬他们。

当然了，表哥还有一个办法，就是给老人培养一些健康的爱好，比如学个书法、养个小鸟、旅旅游啊。你想想，他们有了这些爱好，就要为爱好花钱，那就没有闲钱买保健品了。

如何才能赢得岳父母的喜欢？

有网友问：岳父母不喜欢我怎么办？

这个问题怎么办？说实话没有太好的办法。你也不是人家的亲生骨肉，人家也不可能掏心挖肺地喜欢你。

你的目的不应该是追求女友父母的喜欢，你应该追求的是作为一个男人应有的上进心，作为人家闺女的男朋友，你是不是足够负责任？你是不是一个体贴的人？你是不是能照顾人家女儿一生的人？

人家父母找的不是一个含在嘴里怕化了，捧在手心怕摔了的掌中宝。

咱们话又说回来，说点实际的，对方的父母还是要看你有哪些闪光点，那你有什么闪光之处就展示出来。

比如说你有钱，你就跟人家父母说"我家里在北京二环有套房"；如果你有才，你就说"叔叔阿姨，我在国家期刊上发表了很多篇论文"。你总得有闪光点，才会让人喜欢。

想给爸妈买件好衣服，他们总是不要，该怎么说服呢？

我觉得不用说服，买就是了。难道他们会把你买的衣服剪了吗？

你首先想到的是说服而不是买，我就怀疑你只是说说而已。

往往父母嘴上说不要，身体却很诚实。你过年回家给他们买件衣服，他们出门连貂都不穿了，就穿你买的。他自豪啊，好跟亲友显摆啊。

这里面也有风险和收益的考量，风险无非就是父母埋怨两句或者衣服不合身之类的，收益是巨大的，子女完成了报恩的任务，父母穿出去脸上也有光。

在中国式的家庭关系中，逢年过节买个衣服很仪式化。仪式就是必须完成的，大家心照不宣的。

怎么管教上课调皮的学生

扫码看视频

有网友提问：我是一名初中物理老师，刚毕业不太会管理学生，有个学生上课总是说话，该怎么教育？

千万别打，也千万别骂，也不要让他站到讲台前面，这叫歧视。现在的孩子很金贵，你要这么干，家长分分钟就告你，别把自己陷进去了。

表哥给你出个主意，他一说话你就让他起来回答问题，实在不行就让他上讲台做题。

这个时候晾着他，让他意识到不好好学习是一件多么羞愧的事情。要是三番五次这样，同学们肯定会有意见。一节课四十五分钟全让他给占了，那我怎么学习？当意识到同学对他有意见，稍微机灵点的孩子以后就不会这样了。

被领导批评了就要辞职？这很不可取！

扫码看视频

批评一下就辞职？你要是抓不到娃娃的话，是不是要把娃娃机砸了？

这个时候你应该冷静一下，抑制自己感性的一面，因为当你情绪上头的时候，就容易说过头的话。

而且你要先回一句话，"您说的有道理，我再回去想一想。"一来给自己争取理性思考、梳理得失的时间。或许领导真的误会你了，那么你经过思考之后，组织好语言可以找他申辩一下。二来领导的批评不是给你的职业生涯判了"死刑"，你要好好工作，争取少犯点错。工作上的面子是通过业绩找回来的，而不是打一次嘴仗，就算你说过了领导，你又成长了什么呢？

给朋友帮忙，朋友不领情还埋怨，我该怎么办？

扫码看视频

还有一个网友提问：一个朋友找我帮忙，我很用心帮他办，但是没办好，他就在众人面前说我办事不靠谱，我该怎么找他谈谈？

确实有谈谈的必要，我觉得你约他吃一顿烧烤，两杯小酒下肚，你拿一串羊肉串说："哥们儿，我感觉这个羊肉串没烤透，你尝尝是不是？"

他一尝说好像真的是这样，那怎么办呢？

他肯定会让服务员拿回去再烤一会儿，这个时候你就说："你说这厨师是不是故意的呢？是不是不靠谱，咱们把他叫过来训一顿怎么样？"

他这个时候肯定会说："人家肯定不是故意的，可能是太忙了。"

这个时候你的机会就来了，你就说："我看你也挺明白事理的，咱们相处和烤羊肉串是一样的，羊肉串没烤透就回炉呗，事情没办成下次注意嘛，咱们别怀疑厨子，也别伤了咱俩兄弟的心。"

你兄弟听完这番话肯定一把鼻涕一把泪的，然后你们直接就端起酒杯，为友谊干杯。

电梯里遇到同事该怎么打招呼？

扫码看视频

我觉得一声简单的问候就够了，"坐电梯呢？"

像电梯、楼道、厕所这些都是公共场所，点个头示意一下就可以了，不尴尬。

最尴尬的反而是什么呢？是那种大声喧哗，寒暄个没完的，这种行为是最讨厌的。

我上班挤电梯的时候最烦有些同事，嘴里的韭菜盒子味道还没散，大嗓门就来了。你说身边好多人呢，他就口气、口水全出来了，显得特别没素质。

丁龙江：说话一定要抓细节

你在公众场合说话为什么会紧张？

扫码看视频

在面对镜头和灯光的时候，和日常的生活是不一样的。大家平常生活中都觉得很自如，不过一到镜头前就会觉得不自在。

一旦把你放进一个演播室里，灯光、摄像机对着你之后，很多人就不知道身在何处了。有的人会脑子一片空白，这种大脑空白从认知层面来讲是由于场景突然变得陌生带来的紧张感造成的一种错乱。

不只是中国人会这样，有一项调查显示，83% 的美国人都有"演讲焦虑症"。演讲焦虑症就是对着镜头、对着公众不知所措，不知道该怎么说话。

在两种场合下可能会出现这种情况，一种是演播室，虽然说没有别人，但是有摄像机，也会让人觉得陌生。

另一种就是面对很多人的公开场合，比如舞台等，也会让人产生不适感。

现在很多口语培训机构都是这么训练孩子的，把孩子带到公交车上，让他们给公交车上的人讲一个故事。

这是一种思路，在这种有压迫感的环境中锻炼孩子的胆量，但是我觉得这个不能解决根本问题。

词汇贫乏源于认知贫乏

扫码看视频

其实上面说的"演讲焦虑"不是一个科学的说法，科学的说法是"词汇缺乏症"，根源出在词汇量上。

给你两盏灯，让你看着它们有什么不同，你会怎么说？

颜色不同，另外它们的光晕也不同，整个投射出来的色调也不同。

如果让你用词来命名这两盏灯，你觉得它们应该叫什么颜色的灯？

要回答这个问题就牵扯到你要寻找词汇去描述它们。你看眼前的这些物体全部是不同的颜色。

其实，在人际交往的过程中，80%的信息是靠"看"来传递的，看的重要一点就是色彩。

比如我拿的这个东西，它的色彩是有变化的，红都不一样，有的深有的浅，这些都是有专有名词的。

比如说我们形容这个人的脑门像早上刚升起来的太阳，脸红得像皇城的城墙一样，这样我们就把它描述出来了。

设计师手里的色卡是可以摞到很高的，也就是说在专业人士的眼中，颜色是分得特别细的。

他对于色彩的认知和我们对于色彩的认知区别在于，他不仅能认出这种颜色，而且还可以描述出来，他给出来的准确描述和我们刚才那种打比方式的描述又不一样。

咱们回到刚才的主题，词汇的缺乏是来自对这个世界的区分，分得少词汇就少，分得多词汇就多，人们对这个世界的认知是不一样的。

前面那个问题根源是词汇贫乏，解决词汇贫乏不是靠背词背出来的，是靠认知世界积累出来的。

话痨是缺乏思维基础

扫码看视频

想要描述我们看到的世界，如果你词汇量少的话，可能说得相对笼统一点。要是你的词汇量多、对事物的认识比较细致的话，使用的词就比较细致，你的表达力就不一样了。

就跟一个画家一样，如果他的颜料更加丰富，笔触也足够细致，他的画作传达的信息就会更多。你的词儿多了，你描述的世界就精彩多了，别人也许说不出来但是能理解，相对于一个词汇贫乏的人，他能从你的描述中获得更多的信息。

培养一个人的语言能力不单纯是练胆量，实际上要解决的是词汇量缺乏的问题。说到底还是对这个世界的认知不足，认知不足就说不出更多的东西。

单纯地练胆量可能培养出话痨，比如有一个人在人群中讲话，你听他讲来讲去都讲不出来什么东西。

话痨是怎么来的呢？

他有很强烈的表达欲望，但是没有思维基础，思维基础就是认知能力获得的信息。

因此我们在培养学生的时候最难的不是让他们读稿子、认字、发音，而是让他们在语言认知上认识到语言的规律，学习词汇、图片等基本知识。让他们的语言变得有来源，让他们有东西可说。

看书是一个办法，但是最根本的方法是要越过书，直接进入对世界本身的认知。

培养语言表达的关键是对细节的描述

扫码看视频

语言的训练是什么呢？

在真实的生活场景中去细分这个世界，在说和表达的过程当中用对这个世界的分析，让对方看到这个世界。

比如看到一幅图，如果不要求在色彩、轮廓方面做描述，只说是一个皇宫，或者说是一个殿堂，就比较笼统。

对这种图片的描述一般有个规律，什么规律呢？

　　首先看视觉中心，视觉中心是交叉线的中间偏上位置，视觉中心周边是视觉余光区。视觉中心看到的是中间这个建筑，余光区是汉白玉的栏杆，对于位置上有一个路径的描写，上面的有白色的护栏，有一个具体的对于色彩和线条的描述。

　　再往上，对于几层琉璃瓦、多少根柱子都有描写，这种描写就比笼统地说这是一个皇宫或者某个殿堂更加有细节。

　　这个细节就来自描述者认知这个物体的时候比别人多出来的对于物体特征的认识。比如说这个桥，他可以更多地了解到桥骨弧形所具有的力感。因为弧形本身是带有支撑的，能给人一种稳定和持久的感觉，所以才能在历史中持续到现在。在描述历史感很强的东西的时候会借助一些手段，比如色彩、线条、轮廓等特征。

　　当学会这些之后就具备了注重细节、描写细节的能力，回到说话中去，那么他说出来的话就有质量、有细节、有层次。当他给别人讲的时候，听的人就能更具体地知道描述的是什么。

学会描述建筑，对你的口才提升很有帮助

扫码看视频

　　当然要真正理解听到的内容，前提有很多，比如说色彩的名称你得知道，斜线有什么意义，直线有什么感觉。比如前面说到的支撑感就能跟历史联系起来。

　　你说出去的话要在别人的脑海中唤起某些东西，这样才能引起共鸣。

为什么要把色彩和线条给别人描述清楚呢？

因为从建筑学和美学角度来讲，色彩和线条在民族心理上的映射是相通的，你如果不把它拿出来就没有办法意识到它意味着什么。

比方说欧洲的教堂都是哥特式建筑，其实它就利用了直线对于视线的引导，直冲云天的直线给人一种昂扬向上的感觉，给人一种灵魂升腾的感觉，这就是我们说的认知线条的功能。

之前我们说到了桥拱，中国的石拱桥是很有特点的，石拱桥的形状对上面有极强的支撑力，让人们觉得很有力量，能顶得住很多东西。

特别长的延伸直线一般都是地平线，或者是一望无际的水面，给人一种特别稳定的感觉。

哪里的人嘴皮子比较溜？

扫码看视频

黑龙江那边不仅出主持人，还出小品演员、二人转演员，而且有数据显示 31% 的"网红"都是黑龙江人。

这个调查数据没有说男女比例，可能很多人觉得网红肯定是女的多，不过黑龙江那边有一些说话特别有趣的男士。

东北男人有一种很好的镜头感，第一，他们具有北方男人那种粗犷、豪放的感觉。第二，他们的语言受北方语言的影响，比较灵活，在人与人交流的时候容易出彩。

我看过一篇研究，以前在民间口艺人（包括说书的等）中进行过评选，能连续讲 50 个故事的叫故事能手，能连续讲 500 个故事的叫故事大王。

最后选出来发现东北的故事大王比较多，华北有一些，南方很少。

还有一个有趣的现象是什么呢？

选出来的故事大王中文化程度低，甚至是文盲的女性特别多。

说话抓细节是语言训练中很重要的一部分

扫码看视频

东北二人转，或者是一些东北人以及北方人说话的时候特别逗，说话的时候特别抓细节。

特别有质感的一个小点，他们会把它放大，就像画漫画的时候画家也会把一个痣放得很大。

因为只有细节才有特征，如果我们笼统描述一个东西就会变得抽象，就像我们前面说的那幅画，笼统地说就是一个殿堂或者皇宫。

但是一个殿堂或者皇宫在不同人的印象中是不一样的，如果你描述得稍微详细一点，说这个皇宫分为两层，上层有飞檐、琉璃瓦以及金黄色的顶，下层的红色里面掺杂了一些黄色，比普通的红色要亮一些。如果这样描述，即便是很接近的中国皇城和日本皇城，也会因为色彩的不同让人觉得有差别，也会更加具体。

以前很多人认为语言能力培养就是练胆子，但是现在来看这不是最根本的问题，最根本的是要让人在进入场景的描绘中给他更多的细节。